노동법 제정과 전진한의 역할

국회속기록의 현장증언

노동법 제정과 전진한의 역할

국회속기록의 현장증언

펴낸곳 서울대학교출판문화원
펴낸이 오연천
지은이 이홍재

초판 1쇄 인쇄 2010년 12월 25일
초판 1쇄 발행 2010년 12월 30일
출판등록 제15－3호

주소 서울 관악구 관악로 599 우편번호 151－742
대표전화 02－880－5252 **팩스** 02－888－4148
마케팅팀(주문상담) 02－889－4424, 02－880－7995
이메일 snubook@snu.ac.kr
홈페이지 www.snupress.com
영문홈페이지 eng.snupress.com

ISBN 978－89－521－1111－1 93360

노동법 제정과 전진한의 역할

국회속기록의 현장증언

이흥재 지음

서울대학교출판문화원

The Characteristics of Labor Law Establishment and the Role of Jin-Han Jeon

Lee, Heung-Jae

Seoul National University Press

머리말

"찍어주자 전진한, 먹어주자 ○○○"라고 박자를 맞춰 외치며 골목길을 쏘다니는 개구쟁이 소년들. 전진한, ○○○이 누구인지도 모르는 철부지 꼬맹이들. 그들이 다니는 초등학교 운동장으로 달려가자 벌써 시작된 국회의원 선거 연설회. 얼굴이 해맑고 목소리가 카랑카랑한 어느 후보자가 "대의를 위해 나는 후보를 사퇴하니 여러분은 전진한 선생을 찍어주시오"라고 연설을 마치면서 손가락을 깨물어 쓰는 혈서. 생전 처음 보는 충격으로 가슴이 쾅쾅거리며 눈앞이 새하얘지는 또래 중의 한 소년. 그 소년의 뇌리에 각인된 그날 오월의 푸르른 하늘빛, 그에 반사되어 더욱 하얗게 눈부신 종이와 더더욱 붉은 피의 글자. "아, 안학순 아저씨. 우리 집안 어른들께 인사하러 온 분이야"라고 그 소년이 옆의 또래에게 뜨겁게 토해내는 귓속말. 몇 차례 뒤에 등단한 건장한 체구의 후보자가 얼굴이 벌개지면서 열변을 토하자 관중석 이곳저곳에서 비슷한 옷차림의 청년들이 연설을 훼방하기 위해 질러대는 고함소리와 삿대질. 그럴수록 더욱 우렁차게 열변을 토한 그 늠름한 후보자가 연설을 끝내고 내려오자마자 그대로 경찰에 체포되어 연행되는 또 다른 놀라움. 무슨 영문인지도 모르고 겁에 질린 그 소년에게 들리는 옆의 지게꾼 아저씨의 한탄 소리. "이런 법이 어디 있나. 개○○○. 전진한 선생을 잡아 가둔다고 당선 안 되는가, 민심이 천심인데." 처음으로 알게 된 전진한. 되뇌어보는 '이런 법, 민심이 천심'이란 말.

1954년 5월 하순 무렵, 부산 동구 수정초등학교 3학년 때 이를 체험한 '그 소년'이 바로 이 글을 쓰는 저자다. 지금도 그 장면이 영화처럼 선명하게 떠오른다. 결코 기억력이 좋아서가 아니다. 전후를 몰아친 정치과잉의 삭풍은 '지리산 전투'를 피해 화개 산골에서 부산으로 온 어린이의 여린 가슴에까지 매서운 칼바람 자국을 남긴 비통한 것이기에.

노동법제정사에 대한 과학적 인식이야말로 노동법 연구의 기본전제라고 생각하는 저자는 서울대학교 대학원 노동법 시간에 '노동법사학적 연구방법론'을 1989년부터 간헐적으로 강의하였다. 제헌헌법의 노동기본권 보장과 이를 바탕으로 한 노동법 제정에 대한 '법사회학적 방법론을 통한 총체적 인식'이야말로 한국사회의 성격을 제대로 파악할 수 있는 길이라고 판단하였기 때문이다.

그 제정에서 가장 주목되는 점은 제헌헌법의 '이익균점권' 보장과 노동법의 입법 배경이다. 근로자에게 기업이익을 균등하게 분배하는 이익균점권은 세계헌법사상 그 유례가 보기 드문 노동기본권이다. 이는 분단구조에서 남한의 자본주의체제를 호도하려는 환상적 이상론인가. 그게 아니라면 그 보장의 진정한 배경과 사상은 무엇이며 이를 추진한 주도세력은 어떤 인물들인가. 또한 남한 단독정부 수립 후 채 2년도 안 되어 발발한 남북전쟁이 계속되는 전시 상황의 임시수도 부산에서 1953년 노동법이 제정된 이유는 무엇인가. 당시 이승만 장기집권을 위한 이른바 '발췌개헌'의 헌법유린 사태와 남한 최대의 산업체인 조선방직의 쟁의행위가 무자비하게 탄압된 비상 국면에서 왜 하필이면 노동법이 제정되었단 말인가. 내외의 비상사태에서 제정된 노동법은 임시방편의 급조된 모방입법인가. 아니라면 그 입법정신은 무엇이며 입법 과정에서 치열하게 추구한 독자적 성격이라도 과연 있는 것인가. 이러한 깊은 의문이 꼬리를 물고 생겨나지 않을 수 없었다. 그러한 의문을 제대로 해소하려면 해방공간과 분단 상황 그리고 정치세력구조의 성격 등에 관한 종합적 연구가 필요함은 물론이다. 그렇기 때문에 노동법제정사 자체가 한국사회 전체의 성격을 반영하는 역사적 법등(法燈)일 수밖에 없지 않겠는가.

그러나 이러한 의문과 의욕에도 불구하고 저자는 그 법등을 밝힐 자신의 역량에 한계를 느낀 나머지 한동안 연구를 중단하였다. 하지만 그동안 수집한 각종 자료와 강의내용을 한 줄로 꿰어 역사적 법등을 밝힐 불쏘시개를 만들 묘책은 없을까 하고 고심만 할 뿐이었다.

자조적 번민이 계속되던 끝에 다시 만난 전진한.

『세속에 핀 연꽃』과 『나는 이렇게 싸웠다』의 책에서 비로소 알게 된 인간 전진한의 진면목. 일제하에서 옥고를 치른 뒤 해방이 될 때까지 13년간을 금강산에 입산하여 참선공부를 하며 일체의 타협을 거부한 그 준열한 '세상과의 불화'. 해방 후 현실을 끌어안으며 제헌헌법에 이익균점권을 확보하고 이승만의 핍박 속에서도 노동법 제정을 주도하며 '노농당'을 창당한 그 치열한 '대승적 실천'. 후두암으로 입원하던 중 자진 퇴원하여 단식을 하며 참선으로 마지막 운명을 맞이하면서 "노동자로 이 세상에 왔다가 노동자로 돌아간다"는 말과 "삼천대천세계(三千大天世界) 활활투탈(闊闊透脫)"이라는 임종게송(臨終偈頌)을 남기고 만세를 외치며 숨을 거둔 죽음마저 초월한 그 '대자유인의 경지'.

이제야 그 법등을 밝힐 불쏘시개를 대면한 것이 아닌가. '전진한의 인물과 역할의 접근'을 통한 노동법제정사의 연구방법론이 바로 그것이다. 그 불쏘시개의 기본 자료를 한국현대사의 총체적인 '현장증언' 기록인 헌법제정회의록과 국회속기록으로 삼으면, 객관적이고 구체적인 역사적 사실이 입증될 것이라는 확신이 들었다. 한참이나 방치해 두었던 국회속기록을 혼자서 읽어 나가기 시작하였다. '물소의 뿔처럼' 외로이 탐색하는 국회속기록. 흥분과 충격의 연속 …! 초등학교 3학년 때와는 또 다른 감동으로 두근거리는 가슴을 주체할 길이 없는, 전진한의 격정적이면서도 치밀한 발언내용. 또한 논리 정연한 조봉암의 주장. 격조와 품위를 갖춘 다른 국회의원들의 진지한 토론과 열띤 공방전. 국회속기록 읽기에 심취할수록, 당시 부산의 의사당에 국회의원으로서 의석에 앉아 각종 발언내용을 직접 듣는 듯한 환상적 체험에 빠져들고.

결국 의문의 안개가 걷히고 감격스러운 실체가 드러났다. 헌법초안에도 없던 이익균점권은 수정동의로 본회의에 상정되어, 일사천리로 진행되던 다른 사항과는 달리 2일간의 격론 끝에 보장된 제헌헌법상 '유일 최대'의 국가 성격을 결정짓는 쟁점이었다. 이익균점권은 사회민주주의를 지향하는 전진한과 이를 지지한 무소속의원들이 근로자의 권익옹호를 통한 남한사회의 통합은 물론, 나아가 남북한 통일 실현을 위한 이념적 합일점을 담보하려는 피어린 비원탑(悲願塔)임이 분명하다. 또한 비상 국면에서 제정된 노동법은 조방쟁의에서 탄압받던 전진한과 그 지지 세력이 노동운동의 법적 근거를 확보하기 위한 입법화의 적극적 '대전환의 결실'로 볼 수 있다. 이처럼 노동법 제정은 그 제정배경의 한계 상황, 제정 과정의 긴급성과 치열함, 제정내용의 상대적 독자성을 그 특징으로 하는 '풍토적 고뇌'의 주체적 산물임이 여실하다.

이러한 연구결과를 저자는 『서울대학교 법학』지와 『노동법연구』에 각각 발표하였다. 이 논문들을 다시 수정 보완하고 그 체계를 새로이 구성하여 만든 것이 바로 이 책이다.

앞으로 이 책이 노동법제정사 연구에 조그만 이정표라도 되었으면 하는 것이 발간의 기본취지이지만 남다른 두 가지의 발간목적이 있다. 그 하나는 국회속기록이야말로 이른바 통섭적 학문 연구의 중심

자료로 생각하기 때문에 법학은 물론 인문 사회과학의 '국회속기록을 통한 통섭적 연구방법론'을 촉발하는 계기가 되었으면 하는 바람이다. 다른 하나는 자유협동주의 사상을 바탕으로 한, 통일지향의 사회민주주의자인 전진한에 대한 다각적인 측면에서의 종합적 연구가 이루어지기를 기대하는 간절한 소망 때문이다.

이 책의 발행을 위하여 교정과 색인 작업을 한 지리산 산행의 한결같은 동반자 노호창 연구조교, 처음부터 끝까지 인내심을 가지고 책을 예쁘게 만든 서울대출판문화원 편집담당자에게 한 아름의 꽃다발을 바친다.

전진한의 '자유협동'사상이 개화(開花)하는 날을 기대하며
제81회 '학생의 날' 2010년 11월 3일
저자 이흥재 씀

차례

3장 노동조합법 제정

4장 노동쟁의조정법 제정

5장 노동위원회법 제정

6장 근로기준법 제정

1장
서론

1장에서는 노동법 제정과 전진한의 역할에 대한
연구목적과 의의(제1절)를 제시하고 난 후,
제헌헌법상 이익균점권의 보장과 노동4법 제정의
실질적 배경(제2절)을 검토한 뒤에,
그 실질적 주도 인물인 전진한의 생애와
정치이념, 사회법 사상(제3절)을 고찰하기로 한다.

1 연구의 목적과 의의와 구성

노동기본권의 보장을 목적으로 하는 노동관계 4법(노동조합법, 노동쟁의조정법, 노동위원회법, 근로기준법: 이하 '노동법'으로 총칭한다)은 그 이념의 공통성 때문에 세계적으로 통일적 경향을 보이지만, 노동기본권의 실효성을 담보할 수 있는 정치경제의 실질적 기초를 비롯한 '법 풍토'에 따라 각 국가의 개별적 특수성을 반영하기 마련이다. 이른바 민주헌정 이후 실질적으로 꽃피기 시작한 우리 노동법은 1997년과 2008년 두 번에 걸친 경제위기에서 비롯된 노동유연화의 영향으로 '총체적인 위기국면'을 맞이함으로써 향후 적절한 대응과 새로운 방향 모색을 해야 할 시련기에 처해 있다. 이러한 시점에서 우리의 '풍토적 고뇌'의 산물인 노동법의 제정 배경과 심의 과정 및 중점심의사항을 심도 있게 고찰하여 그 고유한 입법정신과 진지한 '창조적 담론'을 새롭게 탐조(探照)함으로써 이를 앞으로의 노동법 방향 수립에 법등(法燈)으로 삼을 필요가 있다고 본다.

노동법제정사의 접근은 그 제정경위의 단순한 연대기적 추적과 당시의 현실을 고려하지 않은 법조항만의 파악으로는 그 전체적인 성격과 역사적 의의를 제대로 추출하기 어렵다고 생각한다. 왜냐하면 '법은 사회요소의 결정체'라는 가설을 따른다면 노동법 제정 당시 우리나라의 극히 예외적인 특수 상황을 전체적으로 이해해야 하기 때문이다. 노동법은 정상적 평화 상태가 아닌 국가비상사태의 한국전쟁 중 1953년 피난수도 부산에서 제정되었다. 그것도 이승만의 장기집권을 위한 '발췌개헌'의 헌법유린과 '조선방직쟁의'의 탄압이 전쟁의 포연과 함께 빚은 공포분위기의 척박한 풍토에서, 도리어 핍박받던 노동운동

지도자, 즉 제헌국회의원과 초대 사회부장관을 역임한 전진한(錢鎭漢, 1901–1972) 주도로 제정되었던 것이다. 이처럼 비상한 국면에서 비상한 인물의 주도로 이루어진 노동법 제정이기에 그 제정의 괄목할만한 특징을 제정의 주역인 전진한의 독창적 역할과의 상관관계에서 거시적으로 고찰하려는 것이 이 연구의 기본목적이다. 그렇기 때문에 노동법 제정의 독자적 특징을 밝혀보려는 문제의식에서 필자는 이른바 '인물론적 접근을 통한 법사회학적 노동법사학 방법론'을 취하여 노동법 제정의 주도적 인물인 전진한의 역할과의 상관관계에서 이를 탐색해보려고 한다.

노동법제정사에 관한 본격적 연구 성과가 지극히 미흡한 상황이지만 지금까지의 지배적 견해는 '치밀한 사전준비도 없이 외국의 입법례 특히 일본의 노동 법제를 모방한 정부안이 원안 그대로 통과'되었다는 주장이다. 과연 노동법은 정부안 이외에 별다른 법안의 제출도 없이 제정심의 과정에서 주요쟁점에 관한 진지한 찬반토론을 거치지 않은 채 그저 형식적으로 그렇게 통과되었단 말인가? 이러한 의문을 풀기 위해 아무런 선입견이나 편견에 사로잡히지 않고 오로지 국회속기록을 제1차 자료로 하여 노동법 제정 심의 과정상의 문제점을 자세히 살펴보려는 것이 이 연구의 방법론상 특징이다. 당시 국회는 법률 제정에 있어서 제3독회제를 채택하고 있었으므로, 국회속기록은 법안 심의 과정을 인쇄매체로 생중계하는 것과 마찬가지의 효과가 있기 때문에 경우에 따라서는 이를 비교적 자세히 인용하여 그때의 시대 상황과 의원들의 입법 자세를 가시화해보려고 한다. 따라서 이 연구는 국회속기록을 제1차 자료로 하고 당시 관계인물이 증언한 글과 신문기사와 관련 서적 등을 제2차 자료로 하여 노동법 제정의 실질적 기초인 제정 배경과 목적, 그 제정 심의의 쟁점(사회보건위원회 '원안'과 전진한의 '수정안' 대결), '수정안'을 통해 본 전진한의 노동법 인식관점을 고찰함으로써 노동법 제정의 진지한 '풍토적 고뇌'와 노동법의 '상대적 독자성'을 밝혀 기존의 주장을 비판하려는 데에 또 다른 연구목적이 있다.

노동법 제정에 관한 종래의 지배적 견해에 강한 의문을 품은 필자가 그동안 국회속기록을 읽으면서 터득한 것은 이같은 주장이 너무나 피상적인데다가 국회의원들의 주체적인 입법 활동과 그 내용을 터무니없이 과소평가하고 있다는 사실이었다. 오히려 노동법 제정은 그 제정 배경의 비상 국면 상황, 제정 과정의 긴급성과 치열함, 제정 내용의 상대적 독자성을 그 특징으로 하고 있는 것으로 드러났다. 이러한 사실은 전진한의 이승만 정권에 대한 노동대중을 위한 비상한 저항, 노동운동의 법적 근거를 확보하기 위한 노동법안 국회우선상정 긴급동의안 발의, 근로3권 특히 단체행동의 자유를 보장하려는 독자적 수정안 제출 등 그 활약의 직접적 투사체로 볼 수 있을 것이다. 휴전이 성립되기 전의 한국전쟁 중 이승만 독재체제 구축을 위한 헌법 유린의 '부산정치파동'의 비상사태에서 조방쟁의 등의 노동자 대투쟁을 거쳐 전진한의 주도적 역할로 이루어진 것이 노동법의 제정이었다. 이는 해방이후 전개된 노동운동의 법적 결실로서 헌법상 보장된 노동기본권의 구체적 실현을 위한 법적 근거의 초석이 되는 의의를 가진 것으로 본다.

나아가 이 연구는 노동법제정사의 차원을 넘어 한국 현대사 특히 정치사와 전진한에 대한 새로운 인식의 객관적 계기가 되는 의의가 있으리라고 생각한다. 제헌헌법상 이익균점권의 보장에 관한 전진한의 주도적 역할은 그의 '사회민주주의' 지향과 '남북통일의 민족적 근거'로서의 초석을 마련하였다는 점에서 적극적으로 평가되어야 할 것이다. 이승만의 독재체제에 항거하여 핍박받는 고통 속에서도 그가 노동법 제정에 결정적 역할을 구체적으로 한 점은 탁월한 전문 입법가로서도 높이 평가되어야 한다고 본다. 따라서 일부의 역사학자나 경제학자가 전진한에 관한 편견이 노동기본권 보장에 관한 헌법제정회의록이나 노동법 제정에 관한 국회속기록의 '객관적 사실'을 근거로 하여도 과연 그렇게 성립될 수 있을 것인지 극히 의문스럽다. 조봉암이나 박헌영에 대한 연구 성과에 비하여 전진한에 대한 본격적 연구는 거의 없는 상황이 이 연구를 통하여 다소 불식됨으로써 다양한 측면에서 전진한이 조명되는 연구계기가 되는 의의도 있으리라고 생각한다.

이 연구의 구성은 논리적으로 먼저 제헌헌법상 노동기본권 보장을 고찰하고 나서 이의 구체적 실현인 노동법, 즉 노동조합법, 노동쟁의조정법, 노동위원회법, 근로기준법의 제정을 전진한의 역할과의 관련 속에서 차례로 살펴보는 순서로 되어 있다.

먼저 1장 서론에서 제정의 실질적 배경과 그 제정 주역인 전진한의 생애와 정치이념과 사회법사상을 탐색함으로써 앞으로의 본격적 논의의 초석을 삼으려고 한다. 이익균점권의 보장 배경은 '적산재산'의 처리와 민족의 통합에 있으며, 노동법 제정 배경은 계엄령하의 조선방직 파업과 이와 맞물린 이승만 장기집권을 위한 '발췌개헌'의 정치파동 그리고 이승만의 대한노총 정치도구화공작과 전진한의 탄압에 있다고 본다. 제헌국회의원과 초대사회부장관을 지낸 전진한의 평생의 정치이념은 자유협동주의를 기초로 한 민족통일의 지향이며, '노자(勞資)일치의 관념'으로 자유평등사회를 실현하는 것이 그의 사회법사상인 것으로 파악하려고 한다.

2장 제헌헌법의 노동기본권 보장에서는 헌법안의 기본정신과 근로자의 이익균점권의 보장과 기업운영참가권의 좌절을 중점적으로 살펴보기로 한다. 제헌헌법안의 기본정신으로 민족사회주의나 사회민주주의를 표방하는 것이 특징이며, 그렇기 때문에 근로자의 이익균점권과 기업운영참가권 보장 여부가 제헌헌법 심의 과정에서 최대 유일의 쟁점이 되어 격렬한 토론이 전개됨으로써 이익균점권은 보장되었으나 기업운영참가권 보장은 좌절된 과정을 검토하려고 한다.

다음으로 전개될 개별적 노동입법 제정에 대한 연구는 공통적으로 그 제정 경위와 입법정신을 먼저 살피고 나서 제정 심의의 중요쟁점을 사회보건위원회 안('원안')과 전진한의 '수정안' 대결국면 차원에서 중점적으로 검토할 것이다. 특히 노동조합법과 노동쟁의조정법과 노동위원회법은 이승만 정권에 의하여 부당하게 노총위원장직에서 제거된 전진한이 1952년 '노동관계법안상정에 관한 긴급동의안'을 제출하여 가결됨으로써 그 제정 심의가 시작된 공통의 태생적 운명을 갖고 있기 때문이기도 하다.

3장 노동조합법 제정에서는 전진한의 수정안 가결사항과 원안의 가결사항을 검토하기로 한다. 노동조합의 목적에 '단체행동의 자유보장'과 '경제적' 지위 향상을 추가하고 또 노동조합의 자주성 확보를 위하여 일정한 결격요건의 삭제를 주장한 전진한의 수정안이 가결된 점이 중요한 특징으로 부각된다. 그러나 단체행동권 행사를 노동조합법의 하나의 체계로 구성하려는 수정안은 좌절되고 노동조합에 대한 행정관청의 강력한 개입과 감독권한을 강화하는 등 나머지는 원안대로 가결된 점을 살펴볼 것이다.

4장 노동쟁의조정법에서는 그 핵심쟁점인 전국적 파업의 금지 여부와 조정전치주의 인정 여부가 고찰의 중심대상이 된다. 전국적 파업을 금지하는 원안에 대하여 전진한은 전국적 파업을 긍정하는 수정안을 내어 격렬한 토론 끝에 수정안이 가결된 과정을 고찰한다. 조정전치주의는 원안대로 가결되었지만 전진한이 주장한 '쟁의 중에는 일반사업을 공익사업으로 지정하는 것을 금지'하는 수정안은 가결됨으로써 단체행동자유보장을 위한 전진한의 역할이 돋보이는 점을 객관적으로 접근하고자 한다.

5장 노동위원회법에서는 그 핵심쟁점이 노동위원회의 구성 문제이고 기타 쟁점은 노동위원회의 운영문제다. 노동위원회의 구성이 핵심문제로 되는 것은 노동쟁의의 조정·중재 그리고 노동조합법에서 정한 사항의 심사결의가 노동위원회의 권한이므로 단체행동의 자유와 노동조합 활동의 실질적 보장과 직결되기 때문이다. 그러므로 노동위원회의 '자주적이고 공정한' 구성에 대한 원안과 수정안의 다양한 측면을 살펴보기로 한다.

6장 근로기준법은 앞에서 고찰한 3개의 단체적노사관계법과는 달리 개별적노사관계법으로서 노동법 중에서 가장 늦게 제정되었다. 따라서 노동3법 제정과 달리 그 내용면에서 전진한이 주도적인 역할을 하지는 않았다. 근로기준법 제정 심의의 핵심쟁점은 크게 두 범주로 압축할 수 있는데, 하나는 근로시간제한과 관련된 문제들이고, 다른 하나는 법 시행의 회의론이나 연기론의 문제다. 제정 심의에 적극적 역할을 하지 않던 전진한은 근로기준법 시행 무기연기론에 쐐기를 박는 발언을 하여 그 법이 시행되는 데 결정적인 역할을 하였다.

마지막으로 7장 결론에서는 서론에서 제기한 문제의식을 검토한 객관적인 결과를 제시하기로 한다.

2 제정의 실질적 배경

1) 제헌헌법상 이익균점권의 보장 배경

이익균점권이 문제된 현실적 배경은 '적산(敵産; 귀속재산) 처리와 민족의 통합'이었다. 제헌 당시의 피폐한 경제 상황[1]과 정치 분열과 사회 혼란 속에서 시급히 해결해야 할 최대의 국민적 과제는 토지개혁과 적산처리로 집약할 수 있다. 이 두 가지는 건국의 경제적 기초는 물론이요, 민족의 통합과 직결되는 절실한 민생 문제였기 때문이다.[2] 특히 당시의 산업 상황에서는 적산의 규모가 남한경제에서 차지하는 비중이 거의 절대적이었기 때문에 이의 처리방식과 향후 관리 측면에 참여하고 싶은 일반 근로대중의 절실한 욕구와 기대가 생존 차원에서 열화처럼 들끓고 있었다.[3]

---

1 해방 이후 통화량의 팽창과 생산력과 식량의 부족 등으로 물가가 급등하고 실질임금이 저하되었다. 이로 인한 소득의 불균형은 실업인구의 증가로 나타났으니, 소득 불균형의 심화로 사회적·경제적·정치적 불안은 더욱 가중되었다. "1948년 2월 말 현재의 소매물가지수는 1936년 평균(=100)을 기준으로 하여 6만 5,226인데 노동임금지수는 1만 9,076으로 그 실질임금은 29.25%에 불과한 실정이었다. …… 남한의 실업인구는 총인구 대비 약 5%인 105만 명에 달하였으며 이 중 56%가 전재민(戰災民)이었다. 한편 취업인구는 실업인구의 약 7배인 743만 명으로서 인구 7명에 1명꼴로 실업자가 있는 셈이다." 상공회의소, 『상공회의소 90년사』(상)(서울: 상공회의소, 1976), 300면.

2 조선일보는 1면 기사에서 "토지는 유상분배, 적산귀속문제로 격론"이라는 제목으로 국회의 토의 내용을 보도하고 있다. 조선일보(1948.6.30).

3 "1947년 9월 말 현재 남한의 제조업체는 귀속공장 1,551개소(종업원 5만 770명)와 비귀속공장 3,959개소(종업원 7만 7,922명)로 도합 5,510개소에 달하였다. 귀속재산 공장수가 전 공장수의 2분의 1의 규모인데도 불구하고 매 공장 종업원 수는 비귀속공장당 17.4명에 비하여 31.6명이라는 우세에 있었다"는 사실과 "1944년을 전후하여 한국인 소유 공장수가 850개소에도 미급되던 것이 해방 후 3,000개소나 급증한 것은 그만큼 공장 규모의 질적 저하를 초래하는 결과가 되었다"는 사실로 미루어보면 적산(귀속재산)의

그러나 지주와 자본가 세력을 대변하는 한민당계가 중심이 된 헌법기초위원회는 그 속성상 이러한 일반대중의 여론을 외면하여 헌법초안에 이를 반영하지 않았다. 그러므로 국민의 8할인 농민과 일반근로대중의 절실한 기대를 너무나 잘 알고 있기 때문에 이를 대변해야 할 의무와 책임을 통감한 전진한(錢鎭漢, 1901) 의원(상주 을, 대한노동총연맹, 일본 와세다대학 정경학부 경제과 졸업, 초대대한노총위원장, 대한독촉국민회 청년부장)[4]과 문시환(文時煥, 1899) 의원(부산 갑, 조선민족청년단, 소련 모스크바동방공산대학 졸업, 경남도노동·상공국장)과 조병한(趙炳漢, 1902) 의원(문경, 무소속, 동경제대 법학부 졸업, 만주가축진흥회사 감사) 등을 중심으로 한 비한민당계 의원들이 적산기업의 참여권과 이익균점권의 보장을 통해 남한의 사회적 통합은 물론 민족통일의 초석으로 삼으려고 본회의에서 수정안을 제출하는 것에 동의하였다(재적의원 180명 중 80명이 동의).

당시 이익균점권을 주장한 배경과 근본취지가 적산처리 문제와 민족의 사상적 통일을 위한 것이었다는 점은 전진한과 문시환 의원의 발언을 통해 확인하면 더욱 분명해진다.

> 오늘날 모든 산업기구 소위 적산이라고 되어 있지만 앞으로 이 민족적 공유물이 될 것이올시다. 그러면 조선의 산업의 근간이요 말하자면 조선산업의 전체라고 볼 수 있는 이 문제를 놓고 이 이익을 누가 가지겠느냐, 모든 소위 중간

규모가 남한경제에서 차지하는 비중이 절대적이어서 그 청산이 시급한 과제로 제기될 수밖에 없었던 것은 필연적 귀결이라고 볼 수 있다. 상공회의소, 『상공회의소 90년사』(상), 306면.

4 이 글에 등장하는 국회의원들의 성향을 이해하기 위하여 한자성명, 출생년도, 선거구, 소속정당 단체명, 학력과 주요경력을 기재하기로 한다. 자료로는 대한민국국회사무처, 역대국회의원총람: 제헌국회－제9대 국회(1977), 제2대 국회의원 편을 참고하였다. 이하부터는 참고자료의 인용은 생략한다.

에 있는 이 재산을 말하자면 소위 자본가라든지 소위 기업가가 말하자면 이것을 독점해 가지고 노동자가 다시 그 기업가나 자본가 밑에서 예속되어 또다시 일해 나갈 것인가. 이 재산에 대해서도 노동자도 한 개 발언권과 이익을 점하는 것인가 이 문제올시다. …… 앞으로 적산의 운영은 전민족 여하로 되지 아니하면 도저히 조선의 소위 산업이 부흥될 가능성이 없습니다. 여기에 소위 적산이라는 것은 일제시대에 한 식민지경제로 정부경제가 되어 있기 때문에 여러 가지 관계로 국가의 힘이 절대로 필요합니다. 이것은 자본가나 기업가가 힘을 낼 수 있는 것이 아니라 전 민족의 역량, 즉 근로대중 말하자면 전 열정을 전 국가의 힘으로 해야만 산업이 부흥될 수 있고 기업가나 자본가의 이윤을 먹자는 이런 것이 아니올시다. …… 정치면을 볼 때 대단히 중요합니다. 우리는 남조선에서만 살 수가 없어요. 우리가 남방에서 소위 부르짖는 민주주의 운동에 애를 쓰고 북방에서는 공산주의로 애를 쓸 때 이러한 사상대립은 허용 안 됩니다. 민주주의 민족사상은 그 나라가 없어요. 그리해서 전 민족이 시행할 수 있는 이 원칙을 여기에서 발견하자는 것입니다. 그리고 또 한 가지 문제에 있어 가지고 국제문제에 있어서 건설영향이 많이 있습니다. 국제적으로 노동자가 기업권에 참여한다든지 여러 가지의 이익문제는 그 방향으로 전 세계의 노동운동이 전개되고 있습니다.[5] (전진한의 발언)

사상대립을 완화시키지 못하면 앞으로 우리가 어떠한 좋은 목표를 세워냈다 하더라도 우리나라 장래는 대단히 비참한 앞길을 밟지 않을 수 없습니다. 그러므로 국가를 재건하는 이 마당에 있어서 이 큰 모순을 제거할 수 있다면 제거할 수 있는 그 법규를 헌법에 삽입하여야 …… 노자대립이 오랫동안 각국의 큰 고통이었습니다. 노자협조가 실행될 수 있다면 그것은 우리나라 운명을 위하여 가장 좋은 것입니다. …… 해방 후에 우리나라 경제상태는 노자와 협조될

5 국회도서관, 헌법제정회의록(제헌의회): 헌정사자료 제1집(1967), 466－499면.

수 있는 큰 중요한 요인이 있습니다. 적산이올시다. …… 일본의 적산을 금후 정부가 적당히 잘 처리해 나가면 노자협조를 실현할 가능성이 충분히 있습니다. …… 기업주가 그 기업에 이익의 일부를 법률의 정하는 범위 내에서 임금 이외에 적당한 명목으로 근로자에게 균점시키자는 이것은 새로 정하는 것이 아닙니다. 이미 이것은 기업주가 하고 있습니다.[6] (수정안 제안을 제안한 문시환 의원의 발언)

2) 노동4법의 제정 배경

1951년 임시수도 부산은 전쟁이재민의 폭증과 극심한 식량난과 물가고 등 경제파탄 상태로 인하여 사회혼란과 민생불안이 최고조로 달한 전시 경제비상위기 상태였다. 이러한 상황에서 발생한 근로자의 대쟁의와 이와 맞물린 '부산정치파동'과 이승만의 대한노총 분열공작 등이 노동조합법 제정의 배경이 되었다.

(1) 계엄령 하의 조선방직파업과 부산부두파업과 광산연맹쟁의 폭발

1951.12.15.에 시작된 조선방직쟁의(이하 '조방쟁의'라 한다)는 이승만 대통령이 지명한 조방관리인 강일매의 배척운동으로 시작되어 급기야 이승만의 강권정치에 저항하는 전 노동자투쟁으로 발전된 건국 이래 최대 규모의 조직적 쟁의였다.[7]

조선방직은 당시 군수, 민수 공장으로는 국내 유일의 최대 면방직

6 헌법제정회의록, 454－457면.

7 안종우, 「조방쟁의(상)(하)」, 『노동공론』(서울: 노동문제연구소, 1972.8.9), 114－123면(8월), 56－166면(9월). 안종우는 1947년 대한노총 조방노조를 창설하여 그 부위원장에 피선되었고, 1951년 조방노조 3대 위원장으로 당선되었으며 조방쟁의 중에는 지도위원으로 활약하였다.

생산 공장이었다. 이승만 대통령은 장기집권 추진을 위한 자금원과 조직력 확보의 거점으로 조방을 장악하려고 그 측근인 전 동화백화점 관리인이던 강일매를 조방관리인으로 임명하였고, 이를 반대하는 조방노조와의 대립이 조방쟁의의 기본요인이라고 볼 수 있다. 더욱이 조방노조와 일체가 된 전진한 위원장 중심의 노총조방쟁의대책위원회는 이승만의 직선제개헌안을 지지하는 원외자유당의 어용세력인 노총정화위원회의 반노동자 분파행위와도 맞서야 하는 상황이었다.[8] 특히 조방쟁의는 기본적으로 귀속재산인 조선방직 관리의 주도권을 둘러싼 이승만 정권과 조방노조의 쟁탈전인 점, 그리고 이 대통령의 장기집권을 위한 '부산정치파동'과 구조적으로 맞물려 있는 점이 부두쟁의와 광산쟁의와 구별된다. 하지만 바로 이러한 '운명적 성격' 때문에 무자비한 공권력의 탄압으로 좌절될 수밖에 없었던 것이다.

부산부두쟁의(1952.6.23)는 최저생계비에도 못 미치는 하역근로자의 임금인상 투쟁을 위하여 미군작업계약 갱신을 앞둔 시점에서 부산부두노조가 전쟁 중 군수물자의 하역까지 중단한 파업을 감행하였으나 이에 국가비상사태를 고려한 정부의 개입으로 노사쌍방이 타협함으로써 타결된 점이 특징이다.[9] 이 쟁의타결 배후에 조방쟁의를 탄압한 노총정화위원회 세력이 부두근로자 4만여 명을 원외자유당의 지지기반으로 포섭하기 위하여 오히려 쟁의요구를 수용하도록 특별히 작용

---

8 김사욱, 『한국노동운동사』(상)(서울: 산경문화사, 1979), 115면. 김사욱은 대한노총조방쟁의대책위원회 지도위원이었다. 대한노총조방쟁의대책위원회는 전진한(대한노총위원장), 송원도(부산지구연맹위원장), 박정태(조방노조위원장), 이상옥(조방노조부위원장), 김중열, 임기봉, 정대천, 김사욱, 김말용, 안종우, 김희봉 등으로 구성되었다. 이승만 추종세력인 대한노총정화위원회는 주종필(대한노총부위원장), 조용기(대한노총부위원장 겸 자유당사회부장), 조광섭(국회의원 겸 영등포연맹위원장), 이진수, 이찬혁, 최용수, 윤효양 등으로 구성되었다.

9 김사욱, 『한국노동운동사』(상), 142-164면.

한 것이 그 특색이라고 볼 수 있다.[10]

석탄공사를 상대로 한 광산연맹쟁의(1952.2.10.)는 이승만 정권의 장기집권 추진과 상반되게 맞물린 조방쟁의와 부두쟁의와는 달리 굶주림에 허덕일 정도의 최악의 임금수준과 그 체불임금에 대한 생존 차원의 노동쟁의인 것이 특징이다. 이 쟁의는 조방파업의 영향과 광산촌 불만세력의 빨치산 연계가능성 우려로 석탄공사가 광산연맹의 파업 예고만으로 그 쟁의요구를 수용한 점이 특색이라고 볼 수 있다.[11]

(2) '발췌개헌' 과정의 '관제민의동원본부'를 조선방직 안에 설치

전쟁 동안 임시수도인 부산에서 벌어진 이른바 '부산정치파동'으로 강행된 '발췌개헌'(1952.7.4) 과정은 이승만의 장기적 독재정권을 공고화하려는 첫 단계의 헌법유린이자 권력탐욕이 빚어낸 '무법천지'의 수라도 그 자체였다. 이 파동의 원인이 국민의 뜻과는 아랑곳없이 이승만 대통령과 한민당 세력 간의 정권 장악 싸움에서 비롯되었다는 것은 주지의 사실이다.[12] 대통령직선제개헌안이 부결된 후 야당연합의 내각책임제개헌안이 국회에 제출되자(1952.4.17) 원외자유당과 이의 어

---

10 고대노동문제연구소, 『한국노동운동사 4: 정부수립기의 노동운동, 1948－1961』(서울: 지식마당, 2004), 359면.

11 김사욱, 『한국노동운동사』(상), 165－175면.

12 제1대 국회에서 민주국민당(한민당이 다른 정치세력과 연합하여 창당한 정당)이 1950. 1.27. 내각책임제 개헌안을 제출하였으나 1950.3.14. 부결되고(출석 179, 찬성 79, 반대 33, 기권 66, 무효 1), 1950.5.30. 총선에서 무소속의 대거 진출과 민족주의 좌파와 중간파 지도자들의 진출을 특징으로 한 제2대 국회가 개원된 지 불과 6일 만에 한국전쟁이 일어났다[중앙선거관리위원회, 『대한민국선거사(1981)』, 346－347면]. 이승만 대통령 측은 당시 헌법에 의해 국회에서 대통령을 선출할 경우 재선가능성이 희박하다고 판단하여 직선제를 겨냥한 사전포석으로 1951.12.23. '노동자, 농민을 대변하는 정당'을 표방한 자유당을 조직하는 한편 이에 앞서 1951.11.30. 정, 부통령 직선제 개헌안을 제출하였지만 1952.1.18. 압도적 다수로 부결되었다(출석 163, 찬성 19, 반대 143, 기권 1).

용세력인 대한노총정화위원회 측이 내각제를 주장하는 야당의원을 모략, 탄압하기 위한 이른바 관제민의동원본부를 조방 안에 설치한 사실을 특히 주목할 필요가 있다.[13] 이 본부에서 지령되는 관제민의는 '땃벌대', '백골단', '민중자결단' 등의 관제민의단체에 의해 국회 해산과 국회의원 소환을 요구하는 군중집회를 통하여 표출되는 한편, 공포분위기를 조성함으로써 비상계엄령을 선포하는(1952. 5.25) 빌미를 주어 발췌개헌을 하는 데 결정적 구실이 되었던 것이다. 이러한 사실로 미루어보아 이 대통령이 조선방직을 자신의 장기집권을 위한 자금 마련과 전위대 동원의 근거지로 확보하려고 조방쟁의를 무자비하게 탄압한 것임을 짐작할 수 있다.

(3) 이승만의 대한노총 정치도구화공작과 전진한의 입법운동

이 대통령의 전진한 의원 탄압과 노총 정치도구화공작 및 이를 통한 전진한 노총위원장의 노총에서의 축출 등 일련의 과정이 자신의 장기집권 포석과 연계되어 있음은 물론이다.

전진한 의원이 초대 사회부장관을 4개월 만에 그만두고, 1950년 1월 내각책임제개헌안이 상정되었을 때 적극적으로 개헌반대 투쟁을 하지 않은 점이 이 대통령의 마음에 들지 않은데다가, 조방쟁의 때 자신에게 정면으로 맞서 대결에 앞장섰던 사실이 결정적으로 이 대통령이 전의원을 노총에서 제거한 계기가 되었다. 1952년 3월 초 조방쟁의가 절정에 이를 무렵 이승만 정권과 '진정한 민의'의 한판 대결장이었던 부산 영도구 보궐선거에서 전진한 위원장이 과반수의 압도적 지지로 당선되었으나[14] 바로 그해 이승만의 개입공작으로 대한노총은 5월파(노

13 김사욱, 『한국노동운동사』(상), 114면.

총정화위원회파)와 6월파(전진한위원장파)로 양분되었다. 나아가 이승만 정권은 전진한 위원장의 국제자유노련 참석(6월)과 부통령선거운동(8월)을 탄압하였을 뿐만 아니라 발췌개헌 감행의 여세를 몰아 노총의 통합화 추진대책(10월)[15]에 이어 전진한 위원장이 소집도 하지 않은 불법대회인 대한노총 전국대의원대회에서(1952.11.9－10) 위원장제를 폐지함으로써 전진한 위원장을 축출하고 최고위원 3명을 선출하였다.[16]

이러한 일련의 과정을 통해 이 대통령이 대한노총을 자신의 장기집권을 위한 정치도구로 만들어버리자 전진한 의원은 그러한 한계상황과 핍박 속에서 더욱 더 자유노동운동의 절실함과 이를 뒷받침할 노동입법 제정의 필요성을 절감하였던 것이다.[17]

---

14 안종우, 「조방쟁의」(하), 157－158면.

15 이승만의 대한노총 분열공작에 끝까지 저항한 전진한의 다음과 같은 "대한노총 관제화 위기에 직면하였다"라는 성명을 통하여 당시의 상황을 짐작할 수 있다. "과연 대한노총은 분열되어 있는가. 지난번 조방쟁의를 계기로 한 주종필, 조광섭, 조용기 등의 노동자에 대한 반역행위의 결과 주종필은 철도연맹위원장 자리에서, 조용기는 경북도연맹위원장 자리에서 추방된 자들이 최후 발악적으로 불법하게도 소위 강일매 노조와 철도노조의 소수 반동분자를 규합하여 대한노총을 참칭하는 극소 괴뢰집단을 만들었다. 이것은 한국의 노동자를 모 정당에 예속시켜 금력과 권력의 노예를 만들려는 한 개 반역집단에 불과한 것으로 이것을 가지고 노총이 분열했다 함은 언어도단이다. …… 내 10월 28일 관제 불법(위원장이 소집하지 않은 대회는 노총규약상 존재할 수 없다)대회에 부득이 참석해야 할 노총대표 여러분의 고충과 심경도 본인은 잘 이해한다. …… 여러분의 위원장 전진한은 백마고지의 국군용사와 같은 각오로 대한민국에 민주주의 최후보루인 자유대한노총을 생명을 바쳐 최후까지 사수할 작정이다." 동아일보는 "노총분열의 진상"이란 제목으로 1952년 10월 22일 2면 머리기사로 이를 보도하였다.

16 한국노동조합총연맹, 『한국노총50년사』(서울: 한국노총정보센터, 2003), 295면. 이때 전진한은 "지난 8, 9일 양일간에 개최된 소위 노총 통일대회는 관권과 금권에 의하여 강제로 소집된 불법대회이며 대부분이 유령단체의 대표가 날조한 유령 대의원대회다. 나는 앞으로 진정한 노동운동의 정신을 수호하면서 비표면적으로 노동운동을 전개할 것을 선언한다"는 비장한 성명을 발표하였다. 동아일보는 "대표 대부분 유령 — 전진한씨 관권간섭 비난"이란 제목으로 1952년 11월 11일 2면 2단 기사로 이를 보도하였다.

17 "당시 국회의원으로 있던 전진한은 이승만 대통령에 의하여 조선방직 쟁의에서 탄압받

3 전진한의 생애와 사회법사상

1) 전진한의 생애

우촌 전진한(錢鎭漢, 1901－1972)은 경북 문경의 극빈한 가정에서 태어났다. 어린 시절을 상주의 외가에서 보내다가 17세에 서울로 고학의 길을 떠나 인촌 김성수, 고하 송진우 등이 하숙하던 집에서 "밥 짓고 물 긷고 밥상을 나르고 각 방마다 불을 때고 청소와 심부름을 도맡아 하던" 사환 노릇을 하면서 독학을 하여, 기미육영회의 동경 유학생으로 선발되어(1920) 와세다대학 정경학부 경제과를 졸업하였다(1928).

동경 유학시절 비밀결사체인 '한빛'을 조직하여 이를 중심으로 100여 명의 동지들과 함께 일본제국주의 착취에 대항하기 위한 자주적 경제조직체 건립을 취지로 '협동조합운동사'를 결성하고(1926) 당시부터 노선대립을 하던 'L'당과 신간회 일본지부 설치를 둘러싼 쟁탈전에서 전진한은 신간회 서울본부에서 ML계 대표와의 격렬한 이론전 끝에 승리하여 본부의 결정으로 신간회 일본지회 창립대회(1927)에서 간사로 추대되었다.

대학 졸업 후 곧바로 귀국하여 협동조합운동사의 본부를 서울로 옮겨 전국에 수백 개의 조합을 조직하는 등 항일운동을 전개하던 중 치안유지법 위반이란 죄목으로 체포되어(1928) 신의주 감옥에 2년간 투옥된다. 출옥 후에도 빈번히 구금되다가 함남 갑산에서 사립학교 교

고, 대한노총위원장 자리에서 부당하게 쫓겨난 쓰라린 체험을 통하여 민주적인 노동제법의 필요성을 통감하지 않을 수 없었다." 김낙중, 『한국노동운동사: 해방후편』(서울: 청사, 1982), 170면.

원생활을 하던 중 다시 불온분자로 찍혀 추방되어 1933년부터 해방되기까지 12년간 금강산 신계사의 효봉 스님, 오대산 상원사의 한암 스님 밑에서 참선수행을 하며 깊은 산속의 "무인지경에서 생활하다가 해방된 것도 모르고 지냈을 정도"로 은둔생활을 하였다.

해방 후 자유협동주의 입장에서 민족통일을 지향하는 청년운동과 노동운동을 전개하여 대한독립촉성 전국청년총연맹위원장(1945), 대한노동총연맹위원장(1946)으로 활동하다가 1948년 제헌국회의원으로 '노농(勞農) 8개 조항'을 국회에 제출하여 근로자의 이익균점권 등의 보장에 중심적 역할을 하였으며, 정부수립 후 초대 사회부장관을 역임하였다. 전진한은 한편 국제노동운동에 적극 참여하여 국제자유노동조합연맹 창립 런던 대회(1949)에서 이사로 피선되었으며, 그 뒤 국제자유노동조합연맹 아시아 대회(1951)의 부의장으로 선출되었다. 제2대 국회의원으로서 노동법 제정(1953)에 앞장섰으며 제3대 국회의원이 되어 이승만 정권의 탄압에 맞서 평생의 정치이념인 자유협동주의를 실현하기 위해서 '노농당'을 창당하여(1955) 위원장에 취임하였다. 4. 19 이후 5대 국회의원에 당선되어(1960) 한국사회당을 조직하는 등 혁신세력의 규합에 노력하였다. 5. 16 이후 박정희 정권에 대항하는 민정당을 발기하여 최고위원에 취임함과 동시에 제6대 국회의원(1963)과 민정당 부총재(1965)에 당선되었다. 1965년 통합야당인 민중당 지도위원을 끝으로 정당생활을 마무리한다.

전진한은 정계 은퇴 후, 그 전에도 틈이 있을 때마다 간간이 해오던 '금강경' 강의를 동국대 선학원, 대각사 등지에서 본격적으로 펼치다가 후두암으로 입원하던 중 자진 퇴원하여 단식을 하며 참선으로 마지막 운명을 맞이하면서 "노동자로 이 세상에 왔다가 노동자로 돌아간다"는 말과 "삼천대천세계(三千大天世界) 활활투탈(闊闊透脫)"이라는 임종게송을 남기고 만세를 외치며 대자유인의 경지로 돌아갔다.[18] 이처럼 전진한이 걸어온 청년운동가와 노동운동가로의 삶, 초대 사회부 장관과 5선 국회의원을 지낸 정치가로서의 삶은 남모르는 선수행자로서의 정진을 바탕으로 하여 오로지 대승사상을 실천하는 외길이었다.[19]

그가 남긴 저서로는 『협동조합운동의 실제』(동경: 동성사인쇄소, 1927), 『건국이념』(서울: 경천애인사, 1948), 『협동조합의 신구상』(부산: 협동조합운동사, 1952), 『민족위기와 혁신세력』(경학사, 1955), 『자유협동주의』(서울: 국회타임스사, 1957), 『이렇게 싸웠다』(1967년 매일신문에 연재한 것을 자비 출판한 것임) 등이 있는데, 전진한의 장남 전창원 씨가 이러한 저술들을 한데 모아 한 권의 책으로 『이렇게 싸웠다』(서울: 무역연구원, 1996)를 펴냈다.

---

18 전진한의 생애는 다음을 참고하였다. 전진한, 『이렇게 싸웠다』(서울: 무역연구원, 1996); 노규현 외, 『세속에 핀 연꽃』(서울: 대한불교진흥원, 2003), 50－60면. 특히 전진한의 단식과 임종 때의 모습과 임종게송은 앞의 참고자료에도 기술되어 있지만, 그의 장남 전창원 씨가 면담을 요청한 필자에게 직접 들려주었다.

19 다음의 글은 전진한의 성향과 노선을 집약한 것으로 생각되어 그 글을 인용한다. "나는 소년시절 고학할 때에 왜놈의 집에서 고용살이를 하면서 갖은 천대와 압박을 받았을 때 관념적이며 공상적이었던 나라와 민족에 대한 의식이 체험을 통하여 뼈에 사무치게 실감하였으므로 일생을 통해서 모든 문제를 민족적 입장에서 또 거기에 의하여 움직여 왔다. 그 당시 여러 곳에서 고용살이와 노동생활을 해온 동안에 노동자로서의 의식이 뽑을 수 없게 깊이 뿌리 박혀서 나는 항상 노동자, 농민, 약자 편에서 싸워왔다. 우리 노농당의 노선이야말로 나의 정치이상에 꼭 맞는 노선이다. 노동자, 농민, 근로대중의 권익을 적극 옹호하면서 그들을 주도세력으로 민족 각계각층을 협동 조직하여 이 민족의 당면과업을 수행하고 민족 만년대계를 수립하자는 것이니 전 국민이 자각적 협동, 주체적 협동에 의하여 서로 손잡음으로써 국민이 균형 있는 경제생활을 영위할 수 있고 정치면에 있어서는 어떠한 강권도 존재할 수 없는 문자 그대로의 인민에 의한 정치를 실현하자는 것이다. 이것이야말로 내가 일생을 통하여 추구해온 민족문제와 계급문제가 동시에 해결을 볼 수 있어 나에게는 가장 이상적인 정치노선으로 확신하므로 나는 앞으로 노농당의 이상실현을 위하여 심신을 바칠 작정이다." 전진한, 「노농당은 나의 이상」, 『내가 걸어온 길 내가 걸어갈 길』(월간 신태양별책, 1957), 146면.

2) 전진한의 정치이념

전진한의 일관된 정치이념은 자유협동주의를 기초로 한 민족통일의 지향이라고 볼 수 있다. 자유협동주의는 개인주의와 전체주의의 모순을 지양통일하여 개인의 자유가 보장되면서 전체의 협동이 유지되는 인간본위의 사회를 건설하려는 이념으로 전진한이 공산독재주의나 자본독점주의를 다같이 배격하는 정치노선을 취하였던 것은 당연한 논리적 귀결이다. 자유협동주의는 전진한 사상의 핵심적 키워드이므로 자세한 논의은 피하고, 이곳에서는 이익균점권의 사상적 배경이 되는 전진한의 건국이념과 민족통일관과 국가관을 간략히 살펴보기로 한다.

(1) 건국이념: 자주국가 수립과 균등사회 건설

전진한은 정치적으로는 외국 간섭이 없는 독립정부를 수립하고 경제적으로는 착취와 대립이 없는 균등한 사회를 건설하여 민족 문제와 계급 문제를 동시에 해결하는 통일된 민족국가를 건국하려는 이념을 가지고 있었다.[20]

그는 이러한 건국이념 실현의 치명적 장애요인으로 "세계를 양분한 상극되는 세력인 공산주의와 민주주의가 우리 국토를 양단하여 첨단적으로 대립하고 있는 사실"[21]을 직시하여 "이 두 세력을 초극하고 우

---

20 전진한, 『건국이념』(서울: 경천애인사, 1948), 5면.

21 전진한은 자유협동주의 원칙에서 소련의 공산주의와 미국의 민주주의를 각각 '폭력주의' '금력주의'라고 다음과 같이 비판한다. "스타린의 일국사회주의 건설이라는 이념은 필연적으로 소련으로 하여금 국가주의적 방향으로 유도하게 되는 동시에 소련의 국가자본주의의 체제와 아울러 후일 소련으로 하여금 적색제국주의 국가라고 부르는 한 개 침략국가로 전락시키게 된 것"이기 때문에 "소련에 있어서 일종의 특권계급이요 권력

리의 새로운 진로를 개척하지 않으면 안 된다"고 강조한다.[22]

(2) 민족통일관: 양대 사조를 초극 지양한 사상적 통일

전진한은 민족분열과 사상대립을 해소하여 진정한 의미의 민족통일을 성취해야 한다고 주장하였다. 이를 위해서는 "민주주의니 공산주의니 하는 이 양대 사조를 소화 여과하여 이 양대 사조를 초극 지양한 새로운 사상을 창안하여 민족진영이나 공산진영이나를 막론하고 전 민족이 그 사상 밑에 흔연 감응할 수"[23] 있는 "심중의 삼팔선, 즉 사상상의 삼팔선을 분쇄하는 것이 선행조건이 되어야 한다"고 주장함으로써 사상적 통일[24]을 강조하고 있다. 이러한 관점에서 그는 국내의 양 진영이 그 이상은 같지만 그것을 추구하는 출발점이 다를 뿐이라고 민족진영과 공산진영을 포용적 자세로 인식하고 있는 점이 특징이다.[25]

계급인 공산당만이 언제든지 정권을 독점"하므로 "이것은 푸로레타리아트 민주주의란 가면 하에 한 개 폭력주의가 횡행하고 있는 것이다." 전진한, 『건국이념』, 19면, 34면. "미국 계통의 민주주의는 자본주의를 배경으로 한 소위 뿌루조아 민주주의인데 …… 이 뿌루조아 민주주의 국가에 있어서는 모든 것이 경제적 세력에 의하여 지배되므로 결국 인민의 의사를 토대로 한다는 진정한 의미의 민주주의와는 거리가 멀어 이것은 오히려 금력주의라 함이 타당할 것이다." 전진한, 『건국이념』, 32－33면.

22 전진한, 『건국이념』, 14면.

23 전진한, 『건국이념』, 49면.

24 "이 사상적 통일을 무시하고 무력 또는 기타 방법으로 남북을 통일한다고 하면 그 민족적 희생이 막대할 뿐 아니라 비록 일시적으로 지역적 남북통일을 완수한다 할지라도 민족상잔은 그칠 날이 없을 것이다." 전진한, 『건국이념』, 46면.

25 "민족독립사상을 견지하는 자의 절대다수 거의 전부가 균등사회 무계급사회를 동경 않는 자가 없을 것이며 만일 독립사상을 가졌다는 자로서 균등사회 건설을 부인하는 자가 있다면 그는 민족의 미명하에 자기이익을 옹호하려는 사기한이 아니면 한 개 공소한 관념론자일 것이다. 그리고 계급해방사상을 가진 자로서 그 다대수 거의 전부가 외국간섭이 없는 자주독립국가를 희구할 것이요 만일 독립국가 건설을 부정하는 분자가 있다면 사상누각을 지으려는 한 개 관념론자이거나 외국에 매수된 괴뢰분자일 것이다. 이

(3) 국가관: 압박과 착취가 없는 최이상적 국가

전진한은 진정한 인민본위의 명실상부한 민주주의적 정부는 인민을 지배 굴종시키는 권력기관이 아니라 사무기관으로 존재하여 압박과 착취가 없는 최이상적국가를 건설하는 것이라야 한다고 주장한다.[26] 그는 우리나라가 "양대 대립된 사상을 초극지양한 창의적인 인류최고 이념을 실천에 옮길 수 있는 세계 어느 나라에서도 보지 못할 특수한 정치적·경제적 환경에 처하고 있다"고 긍정적 진단을 하면서 "우리 사회를 토대로 인류가 지향하는 최고이념인 압박도 없고 착취도 없는 인류의 이상향을 새로운 창의에서 창조할 수 있다"는 낙관적 확신을 한다.[27]

3) 전진한의 사회법사상

(1) 헌법초안에 대한 전진한의 평가: 사회적 모순 해결에 대한 민족정신과 법률창의 결여

전진한은 헌법초안이 전체적으로 개인주의사상과 사회주의사상, 즉 자본주의와 통제주의를 절충하고 조화하려고 애쓴 흔적은 있으나 정

렇게 본다면 독립진영이나 계급진영이나 그들이 동경하는 최고이상은 동일하고 다만 그것을 추구하여 나가는 출발점이 다를 뿐이다. 그러므로 우리 민족의 분열은 동상이몽(同床異夢)에서 나온 것이 아니라 동몽이상(同夢異床)에서 나온 것이라고 규정한다." 전진한, 『건국이념』, 48면.

26 "정부는 인민의 의사를 대변 실천하는 한 개 사무적 기능을 담당한 기관으로 존재할 것이요, 어떠한 힘을 토대로 하여 인민으로부터 초월한 입장에서 인민을 지배 굴종시키는 권력기관으로서 존재하여서는 안 된다. 정부와 인민이 혼연 일치하여 모든 국정이 일원적으로 운영될 때에 만약 민주주의란 용어를 쓴다면 이러한 국가야말로 진정한 민주주의 국가인 것이다." 전진한, 『건국이념』, 38면.

27 전진한, 『건국이념』, 34–35면, 38면.

치적 민주주의에 대해서 자세한 규정을 할 뿐이고 실질적인 경제적 민주주의 문제에 대해서는 "너무 추상적이고 그 규정성에 있어서 매우 결함된 점"이 많아 "종합해서 보면 너무나 형식적"이라고 평가한다. 그는 당면한 민족의 절실한 과제인 노자 문제 등 사회적 모순의 해결을 외면한 헌법초안은 민족적 정신과 법률의 창의가 결여된 것이라고 지적한다. 특히 그는 민족통일의 사상적 토대로서 농민과 근로대중의 창의와 자유를 실질적으로 실현하지 않는다면 헌법초안은 사문화될 것이라고 경고하면서, 농민에의 토지분배와 노동자의 완전한 인격 보장을 위한 수정안을 제시할 뜻을 강력하게 시사하고 있다. 헌법초안에 대한 전진한의 평가는 그의 헌법관과 사회법사상을 파악하는 전제가 되는 만큼 이를 구체적으로 들어보기로 한다.[28]

> 오늘날 조선에 있어서 가장 민족을 사상적으로 분열을 시키고 모든 혼란 모든 상쟁을 일으키고 있는 그 원인이 이 노자문제에 있는 것입니다. 그러면 어느 사회적 모순에 대해서 그것을 수정한다든지 여기에 대한 특별한 결정안이 없다고 하면 여기에 나열된 모든 정치적 자유 평등이라는 것은 한 화병(畵餠)이 되겠다는 말입니다. …… 물론 종합해서 이 초안에도 있습니다마는 대개 부르조아 민주주의 국가에 있어 가지고 온정적으로 노동자를 대우한다는 것으로 되어 있으나 그러나 적극적으로 노동자가 국가의 일원으로서 모든 건설면에 진출하여 그 재능과 창의를 발휘해 가지고 평등자유를 향유할 수 있다는 이런 법률의 창의가 없습니다. 그러므로 이 초안을 전체적으로 통독해 볼 때 결국 이것은 헌법사상에 있는 조항을 갖다가 모여 놓은 데 불과한 것이고 민족적 창의라든지 우리 민족의 의사라든지 민족적 정신이 없음을 볼 때 대단히 이

28 헌법제정회의록, 279-281면.

헌법은 유감으로 생각했습니다. …… 우리가 계급대립의 사상을 완전히 해소시키고 정말 노동자 근로대중으로 하여금 이 국가는 정말 우리의 국가이요 이 국가야말로 만민 평등의 국가라는 이러한 신념과 이러한 국가에 대한 애착심 이러한 사상을 주지 않고는 도저히 오늘날의 혼란한 현상을 타개할 수 없는 것으로 압니다. …… 우리가 지금 남조선만 무어든지 할 것이 아니라 남북을 통해서 자유스러운 사상을 통해서 전 민족적 사상을 통일할 이때 농민에게 토지를 주고 노동자는 완전한 인격을 계승해서 그 모든 건설에 대한 창의와 자유를 실질적으로 실현하지 않고서는 이것이 사문화하고 말 것입니다. 이 의미에서 이 헌법 전체를 통해서 사회경제에 자유스러운 창의와 한국민족의 정신이 있기를 바라고 구체적 문제에 있어 가지고 자본 통제 문제라든지 기타 실질문제 중요한 노동문제에 있어서 이 다음 2독회에 있어서 수정할 적에 토론하기로 하고 간단히 이로써 마칩니다.

(2) 헌법관: '남북통일의 유일한 관건'으로서의 헌법정신

전진한은 우리의 헌법정신이 자유주의의 정화와 사회주의의 진수가 집성 통일되었다고 그 성격을 규정하면서 "정치적 민주주의와 경제적 민주주의가 혼연 병존하고 세계 혼란의 최대원인인 노자 문제에 최후의 해결을 제공하여 계급대립 문제를 완전히 해결시켰으며 사회성을 무시하는 개인주의의 폐단을 방알(防遏)하는 일면 개성을 무시하고 인간을 기계화하려는 공산주의의 과오를 시정"한 것으로 보고 있다.[29] 그는 우리민족이 오랫동안의 혼란과 분규와 고민의 결과 "세계의 모든 정치 사조를 초극 지양한 대사상적 배경과 이 사상을 실천하기에 가장 적응한 정치적·경제적 환경 속에서 대한민국헌법은 창정된 것"

---

29 전진한, 『건국이념』, 49면.

이라고 헌법 제정의 의의를 부여한다.[30]

그는 "우리 헌법이야말로 민족주의자나 공산주의자나 누구나 다 열복할 대헌장으로서 우리민족의 사상 문제 해결의 성전일 뿐 아니라 남북통일의 유일한 관건이 될 것"이라고 통일헌법의 초석으로 평가하면서 "우리는 이 헌법정신의 실천에 의하여 우리 삼천만 민족을 사지에서 구원할 뿐만 아니라 나아가 세계국가의 이념적 영도국으로서 진정한 세계평화를 수립할 선구자가 될 것"이라고 하여 민족통일과 세계평화를 실현하는 기초가 우리 헌법정신에 있음을 강조하고 있다.[31]

(3) 이익균점권에 관한 인식: '노자일치(勞資一致)의 관념'으로 자유평등사회 실현

'근로입국'으로서의 세계 유일한 화회(和會)적 기본권 전진한은 근로자의 이익균점권의 보장으로 인하여 "우리 대한민국이 근로입국으로서의 그 진면목을 발휘하였을 뿐 아니라 정치적·형식적 민주주의에 경제적·실질적 민주주의를 병행하여 인류최고이상인 자유평등사회를 정치적·경제적·사회적 각 부면에 실현을 보게 되는 것으로 이 조문이야말로 대한민국 전 헌법을 통하여 화룡점정적 의의를 가진 것"이라고 하면서, 이익균점권은 "대한민국헌법 이외에 세계 어느 나라 헌법에서도 발견할 수 없는 일대 창견일 뿐 아니라 인류평화의 암이요 세계적 난문제인 노자대립 문제를 근본적으로 해결할 수 있는 한개 관건"이란 점을 들어 이를 세계 유일의 독창적 기본권이라고 높이 평가한다.[32]

---

30 전진한, 『건국이념』, 38면.

31 전진한, 『건국이념』, 50면.

32 전진한, 『건국이념』, 42-43면.

노동의 주체성 강조 전진한은 "종래 노자 문제는 노동잉여가치착취설에 의하여 심각한 대립을 보았을 뿐 아니라 항상 노동을 상품시하여 자본에 예속시켜왔던 것이다"라고 전제하면서 이익분배균점권의 정신은 "노동을 생산의 원동력으로서 자본과 동일시하여 노자대등의 입장에서 기업에서 생기는 이윤을 노자균점케 하여 종래의 임금노예제도를 완전히 분쇄하고 노동도 생산에 있어서 한 개 주체적 입장에 서게 된 것"에 있다고 인식한다.[33]

'노자협조'에서 '노자일치'로의 질적인 비약 이익균점권은 "잉여가치착취설에 의한 노자대립의 관념을 일소할 뿐 아니라 노자협조의 관념에서 노자일치의 관념에로 한 개 질적인 비약을 일으켜 현 사회의 혼란 분규의 원천이 되는 노자 문제를 발본적으로 해결하여 인류 진운에 일대서광을 비치게 한 것"으로 전진한은 인식하고 있다.[34]

(4) 헌법정신을 조명한 사회법사상: '개인과 사회의 원융' 지향의 자유협동주의사상

전진한이 헌법정신을 파악하는 조명의 사상적 '법등(法燈)'은 개인과 사회의 원융을 지향하는 그의 고유한 자유협동주의사상이다. 먼저 자유협동주의의 의미를 알아보고 이를 준거로 제헌헌법의 헌법정신을 독창적으로 해석하여 도출한 그의 사회법사상인 전체와 개체의 모순 지양 통일사상, 국민의 균등생활 보장사상, 자유협동사회 건설사상 등을 차례로 살펴보기로 한다.

---

33 전진한, 『건국이념』, 43면.

34 전진한, 『건국이념』, 43면.

자유협동주의의 의미 민족 문제와 계급 문제를 동시에 해결하고 남북통일은 물론 인류평화를 실현하기 위한 사상으로서 이익균점권 보장을 비롯한 전진한의 대승사승 실천의 원동력이 된 것이 바로 자유협동주의다. 그 의미를 전진한의 목소리를 통하여 직접 들어보기로 한다.[35]

> 자유협동주의는 개인주의에서 자유를 추출하고 전체주의에서 협동을 추출하여 기계적으로 병렬·종합·절충한 것이 아니라 개인주의에서 독점성과 배타성이 지(止), 즉 폐기되고 개성자유, 즉 개성존엄성, 평등성, 창의성이 양(揚), 즉 보존됨과 동시에 전체주의에서 강권주의와 기계주의가 지(止), 즉 폐기되고 사회협동, 즉 사회연대성, 공존성이 양(揚), 즉 보존되어 개인주의와 전체주의가 자유협동주의에로 지양통일(止揚統一)된 것이다. 이 자유협동주의는 개인주의나 전체주의와는 그 차원을 달리하는 질적으로 비약된 하나의 단일사상으로 자유와 협동이 불가분리의 관계에 선다. …… 협동에서 오지 않은 자유는 진정한 자유가 아니다. 이러한 자유는 자유가 아니라 방종이다. 각자의 자유는 상호충돌되고 만다. 자유에서 오지 않은 협동은 진정한 협동이 아니다. 이러한 협동은 협동이 아니라 굴종이다. 자유와 협동은 대립의 통일[36]이다. 자유는 협

---

35 전진한, 『이렇게 싸웠다』, 201－202면.

36 전진한은 자유와 협동, 전체와 개체, 물(物)과 심(心)은 '대립의 통일'로 보고 있다. 이 '대립의 통일' 구조를 살피기 위하여 '전체와 개체는 대립의 통일'이라고 하는 우촌의 견해를 들어보기로 한다. "개체주의나 전체주의는 개체이냐 그렇지 않으면 전체이냐 하는 택일주의이다. 그런데 전체와 개체는 대립의 통일로서 상입(相入)·상의(相依)·상즉(相卽)하는 것이다. …… 五를 전체라 하면 一은 개체이다. 五라는 전체는 一 자체가 모여서 성립하는 것이 아니라 一이 포함하고 있는 五性, 즉 전체성의 현성(現成)이다. 一이 五性 즉 전체성을 포함하지 않았다면 一을 모아 놓아도 一들 뿐이지 五라는 전체는 나오지 않는다. 그리고 五가 一性, 즉 개체성을 포함하지 않았다면 五를 나누어 놓아도 五의 편편(片片)이지 一이라는 개체는 나오지 않는다. 一이라는 개체는 五라는 전체가 포함한 一性 즉 개체성의 현성(現成)이다. 전체와 개체는 대립하면서 서로 서로 의지하

동에 의하여 성립하고 협동은 자유에 의하여 성립한다. 자유는 협동을 포함하고 협동은 자유를 포함한다. 자유 즉 협동, 협동 즉 자유다. 자유와 협동은 상의(相依)·상입(相入)·상즉(相卽)한다.

전체와 개체의 모순의 지양통일사상 전진한은 개인의 자유, 평등, 창의의 보장과 공공복리 향상을 위한 이의 조정의무를 규정한 제5조의 정신을 "전체와 개체의 모순을 완전히 지양통일하는 것"으로 이해하여 이를 우리 헌법정신의 총강으로 파악하고 있다. 그는 "이 조문은 불란서 혁명 이래 발전하여온 정치적 민주주의사상, 즉 자유주의사상을 긍정하는 동시에 거기에서 일어나는 폐해를 방알하여 공공복리를 주로 하는 사회주의적 사상과 융합·절충한 것이다. 즉 전체와 개체의 모순을 완전히 지양통일하는 것이다. 전체의 발전을 위하여 개체의 발전을 전연 무시하여도 안 되는 일면 개체의 복리를 위하여 전체의 복리를 무시함도 물론 안 된다. 전체의 복리와 개체의 복리는 조화통일되어야 한다"는 견해를 피력한다.[37]

재산권보장과 그 행사의 공공복리적합성을 규정한 제헌헌법 제15조의 정신에 대하여 전진한은 "이것은 재산권에 대하여도 그 자유성을 제한하고 사회성을 부과한 것이다. 이 정신 역시 개인자유의 한도가 사회적 제재를 받는다는 한 개 새로운 창의"라고 평가한다.[38] 그는 우리 헌법은 개인의 자유·평등·창의를 옹호 보장한다는 사실을 전제하면서 "그러나 개인은 사회 내의 한 분자이므로 사회의 존재를 부인

여 성립되고 서로 서로 포함하여 전체 즉 개체, 개체 즉 전체이다." 전진한, 『이렇게 싸웠다』, 202–203면.

37 전진한, 『건국이념』, 40면.

38 전진한, 『건국이념』, 42면.

하고는 그 개성 발휘의 토대를 잃을 뿐 아니라 그 사회가 파멸될 때에 그 개인도 한 인간으로서 존립할 수 없는고로 개성의 발전은 사회의 발전에 의존하게 된다. 따라서 사회와 개성은 서로 반발할 때가 있으나 이것은 시간적 문제요 전체성으로 관찰할 때 사회와 개인은 언제든지 분리할 수 없는 관련성을 가지는 것이다. 그러므로 개인의 복리는 사회의 복리와 언제든지 조정되어야 하고 또 조정"될 수 있는 것이라고 개인과 사회의 불가분리성을 강조한다.[39]

전진한은 역사적으로 대립하여온 자유주의와 사회주의의 사조가 우리 헌법에 있어서 비로소 이 두 개 사상이 지양통일되어 양립발전할 수 있다는 것을 명시한 것이라고 헌법정신을 화쟁회통(和諍會通)적으로 해석한다.

국민의 균등생활 보장사상 국민생활의 기본적 수요를 충족시킬 수 있는 경제질서의 원칙과 그 한계 내에서의 경제적 자유를 보장한 제84조의 정신에 대하여 전진한은 "우리 헌법정신은 개인편중과 사회편중의 사상을 초극지양하고 항상 개인과 사회의 원융성을 고조한다"고 주장하면서 "이 조문은 경제면에 있어서 국민의 균등생활을 확보하자는 경제적 민주주의 사상에서 출발한 것인데 경제의 사회성을 주체로 하고 개인성을 종속으로 한 점에 있어서 특히 우리는 주목하여야 한다"는 독특한 견해를 제시하고 있다.[40]

광물 기타 중요한 지하자원의 국유규정(제85조), 농지의 농민 분배규정(제86조), 전기·통신 등 공공성을 가진 기업의 국영이나 공영규정과 대외무역의 국가통제규정(제87조)의 정신은 "중요한 산업에 대한

39 전진한, 『건국이념』, 44면.

40 전진한, 『건국이념』, 44-45면.

자본의 독재성을 배제하여 국가의 계획 하에 전 국민생활을 균등하게 보장하려는 정신에서 나온 것이다"라고 전진한은 파악하고 있다.[41]

자유협동사회 건설사상 전진한은 헌법 전체의 조문을 통하여 자유협동 정신이 창일(漲溢)하고 있다는 평가를 하고 특히 제5조(각인의 자유평등 존중과 공공복리와의 조화), 제15조(재산권행사의 공공복리 적합), 제17조(국민의 근로의 권리와 의무), 제18조(근로3권과 이익균점권), 제84조(국민의 기본적 수요와 균형 있는 국민경제의 발전을 기한 경제질서) 등의 조문이 이를 구체적으로 표현한 것으로 보고 있다. 전진한은 국민의 근로의 권리와 의무를 규정한 제17조의 정신에 대하여 이는 "국민개로(國民皆勞) 국가를 창설하자는 것인데 일체의 불로소득과 유한계급의 존재를 부인하여 근로하지 않고 타인의 노동력을 착취하는 모든 악 제도를 일소하려는 정신"으로 보고 있다.[42]

그는 "자유협동사회건설운동은 헌법정신을 현실정치에 실천하려는 일대 호헌(護憲)운동이 될 것"이라고 헌법정신수호의 결의를 다지면서, "이러한 자유협동국가로서 건전한 발전을 수행하여 민생이 안정하고 민심이 귀일한다면 여기에서 남북통일의 진정한 기초는 확립될 것"이라고 주장한다.[43] 전진한은 "이 역사적 사명을 완수할 수 있는 유일한 길은 이 나라 이 민족의 모든 창조와 건설의 원동력이요, 질에 있어서 양에 있어서 국민최대 최강의 정치소인(素因)을 내포하고 있는 노동자 농민을 중축(中軸)으로 한 소시민지식층이 총집결해서 여기에 한 개 강대한 혁신정치세력을 형성하는 데에만 있다"고 확신한다.[44]

---

41 전진한, 『건국이념』, 44－45면.

42 전진한, 『건국이념』, 42면.

43 전진한, 『이렇게 싸웠다』, 183－184면.

헌법정신의 실천을 통한 자유협동사회의 전개와 민족통일국가의 건설 그리고 이러한 사명을 실행할 주체세력으로 농민과 근로대중을 상정한 전진한의 사상이 집약적으로 잘 드러난 것이 그가 창당한 노농당의 강령(안)이므로 이를 보기로 한다.[45]

一. 헌법을 수호하여 현실정치에 이를 실천한다.

一. 대한민국 주권하의 모든 전체주의를 배격하고 민주적 민족통일국가를 형성한다.

一. 관료독선과 자본독점에 입각한 특권정치를 타파하고 노동자, 농민, 근로대중의 권익을 옹호하여 자유협동사회를 건설한다.

一. 사회보장제를 확립하여 사회정의에 입각한 균형 있는 국민생활을 보장한다.

一. 국제연합과 협조하여 세계평화를 촉진하며 국제자유노동조합연맹과 제휴하여 정치적·경제적 민주주의를 구현한 진정한 자유세계 건설에 매진한다.

전진한 자신도 노농당의 노선이야말로 그가 "일생을 통하여 추구해온 민족 문제와 계급 문제가 동시에 해결을 볼 수" 있는 가장 이상적인 정치노선이라고 술회하고 있다.[46]

---

44 전진한, 『이렇게 싸웠다』, 185면.

45 전진한, 『이렇게 싸웠다』, 189면.

46 전진한, 『내가 걸어온 길 내가 걸어갈 길』, 146면.

2장

제헌헌법의 노동기본권 보장

2장에서는 제헌 헌법안의 기본정신(제1절)을 살피고 나서, 근로자의 이익균점권 보장 경위와 기업운영참가권의 좌절(제2절)을 검토한 뒤에, 근로권과 단체행동의 자유(제3절)에 대한 논의를 평가하기로 한다.

1 헌법안의 기본정신

헌법안의 기본정신으로 이른바 민족사회주의나 사회민주주의를 표방하는 것이 특징이다.

1) 민족사회주의국가의 건립

(1) 민족사회주의국가 지향: 서상일 의원(헌법기초위원회 위원장)

서상일(徐相日, 1885) 의원(대구 을, 한국민주당, 보성전문학교 법과 졸업, 한국민주당 창당총무, 입법의원 도대표)은 헌법기초위원회의 보고와 헌법안 제1독회(1948.6.23. 제17차 회의)의 첫 보고발언에서 "헌법의 정신을 요약해서 말씀하자면 어데 있는가 하면 우리들이 민주주의 민족국가를 구성해서 우리 3천만은 물론이고 자손만대로 하여금 현 시국에 적응한 민족사회주의국가를 이루자는 그 정신의 골자가 이 헌법에 총집되어 있다"고 밝혔다.[1]

서상일 의원은 헌법내용의 각 장(章)별 대체설명 중에서 "제2장 국민의 권리의무 장에 가서 이 헌법에서 독특하게 나타난 점"은 특수계급제도의 부인을 통하여 모든 영역에서 "균등한 사회를 이루자는 그러한 권리의무를 설정한 것이 우리 헌법의 중요한 골자정신"이라고 발언한 뒤, 오직 제17조와 제18조의 2개 규정만 제시하여 "근로자에

---

* 이 장에 실린 글은 『노동법연구』, 제27호(2009)에 수록된 「노동기본권에 관한 제헌의회 심의의 쟁점: 기업운영참가권 보장논의를 중심으로」와 『서울대학교 법학』, 제46권 제1호(2005)에 수록된 「이익균점권의 보장과 우촌 전진한의 사상 및 역할: 우촌의 사회법 사상 궤적의 탐색을 위한 '초심곡(初心曲)'」을 수정, 보완한 것이다.

1 헌법제정회의록, 100면.

대한 특수한 규정이 나타난 것"은 "2장 권리의무 장에서 뚜렷이 색채가 나타난 것"이라고 강조하였다.[2]

(2) 민족사회주의 이념: 지청천 의원

지청천(池青天, 1888) 의원(성동, 대동청년단, 일본육군사관학교 졸업, 임정광복군 총사령관, 대동청년단 창설단장)은 "자유를 위하여 평등을 위하여 잘 고르게 살자는 것이 기본이념이기 때문에 잘사는 데에는 절대로 8할이나 되는 노동자 농민의 기준복리를 도모하는 근본이념"이 되어야 한다고 전제하고, 이러한 이념으로 민족사회주의를 제시하면서 다음과 같이 그 기본정신을 표명하였다.[3]

> 소위 전체주의라는 공산주의체제와 모든 그 무제한자본주의를 취하지 않고 우리는 어떻게 하면 말하자면 국가권력으로써 철두철미 민족주의로 나가야 되겠습니다. 그리고 경제면에 들어가서는 사회주의로 나가야 되겠습니다. …… 우리는 이 공산주의와 자유주의를 선택하는 역할을 아니하고 조선 처지에 맞는 민족사회주의로 건설해 나가는 것이 입국의 이념이 아니면 완전독립을 보장하기 위하여서는 지극히 곤란한 것입니다. …… 근로대중의 생활의 증진과 복리를 도모하는 이 헌법에 있어서 …… 만대 무궁한 완전자주독립을 하는 데 아주 사상의 두 뜻을 잘하게 조화하는 이것이 이 헌법제정의 기본정신이라고 하겠습니다.

---

2 헌법제정회의록, 100－101면.

3 헌법제정회의록, 515－517면. 헌법제정회의록 515면에는 '이청천' 의원으로 표기되어 있으나 필자의 견해로는 '지청천' 의원의 오식인 것으로 생각된다. 왜냐하면 제헌국회의원 중에는 '이청천'의 이름은 없고 '지청천' 의원만 있기 때문이다(앞에서 인용한 『역대 국회의원총람』, 76면에 지청천 의원의 인적사항이 기재되어 있다). 또한 다른 자료에 따르면 지청천 의원의 구명(舊名)이 지대형(池大亨), 이청천(李青天)임을 밝히고 있다 [조종현 편, 『의정30년 사료: 제헌국회－제10대 국회』(국회도서관, 1983), 10면].

2) 자본주의와 통제주의의 절충(사회민주주의 지향): 전진한 의원

전진한 의원은 헌법초안이 "개인주의사상과 사회주의사상 그 두 사상을 조화"하여 "자본주의와 통제주의를 잘 절충"한 것이라고 지적하면서, "이 헌법 전체를 통해서 사회경제에 자유스러운 창의와 한국민족의 정신"이 실현되어 당면한 민족의 사회적 모순인 노자 문제를 해결하는 한편 남북통일의 민족적 근거[4]가 되어야 한다고 다음과 같이 강조하였다.[5]

> 어느 사회적 모순에 대해서 그것을 수정한다든지 여기에 대한 특별한 결정안이 없다고 하면 여기에 나열된 모든 정치적 자유평등이라는 것은 …… 노자간의 모순, 즉 말하면 노동자의 체제에 있어서 일대 변혁이 없다고 하면 결국 이것은 실현되지 못할 것이올시다. …… 사상적으로 완전히 통일되지 않고는 결단코 민족통일을 기대하기 어려운 이때에 있어서 우리가 계급대립의 사상을 완전히 해소시키고 정말 근로대중으로 하여금 이 국가는 정말 우리의 국가이요, 이 국가야말로 만민평등의 국가라는 …… 노동과 자본이 통일된 처지가 되어서 창의성을 발휘하는 새로운 민족적 근거를 걸어 가지고서 그런 큰 이상을 가지고

---

4 전진한 의원은 "사회민주주의가 아닐 것 같으면 공산주의를 막지 못하게 되어 있다"고 하면서 "우리가 민주주의 노동을 전개하지 않을 것 같으면 국내적으로는 근로대중에게 위반이 될 것이고 국제적으로는 우리가 남북을 통일할 기본을 잃고 또 일면에 있어서 남조선정권이 남북을 통일할 수 없는 한 개의 정권이라고 볼 수밖에 없을 것"이라고 주장하고(헌법제정회의록, 470면), 다음과 같이 헌법정신으로서의 민주주의 민족사상을 피력하였다. "우리는 남조선에서만 살 수가 없어요. 우리가 남방에서 소위 부르짖는 운동에 애를 쓰고 북방에서는 공산주의로 애를 쓸 때 이러한 사상대립은 용인 안 됩니다. 민주주의 민족사상은 그 나라가 없어요. 그리해서 전 민족이 시행할 수 있는 이 원칙을 여기에 발견하자는 것입니다." 헌법제정회의록, 469면.

5 헌법제정회의록, 279-280면.

…… 남북이 완전히 통일이 되는 이때에 비로소 사상적 투쟁이 떠날 줄 압니다.

3) 정치적 민주주의와 경제적 민주주의의 조화: 유진오 전문위원

유진오 전문위원은 "이 헌법의 기본정신은 정치적 민주주의와 경제적·사회적 민주주의와의 조화" 즉 "모든 사람의 자유와 평등과 권리를 위하고 존중하는 동시에 경제균등을 실현해보려고 하는 것"이기 때문에 "이 자유와 평등이 국가 전체의 이해와 모순되는 단계에 이르면 국가권력으로써 이것을 조화하는 그런 국가체제를 생각해본 것"이라고 밝혔다.[6] 특히 제17조와 제19조의 입법정신에 대하여 유진오 전문위원은 다음과 같이 발언하였다.[7]

제17조에서는 …… 근로조건에 관해서는 기업자와 근로자 간의 자유로운 고용계약에 맡기어 버리지 아니하고 국가의 법률로써 근로조건으로 기준을 정해서 근로자를 보호하는 그런 체제를 취한 것이올시다. …… 제18조에는 …… 근로자는 고용계약으로 들어갈 때에 다만 개인으로서 기업자와 계약을 할 뿐만 아니라 단체를 만들어서 단체교섭을 할 수 있으며 그 단체교섭으로써 근로자의 지위를 보호할 수 있게 된 것이올시다. 제19조에서는 …… 종래의 체제로 본다면 개인 한 사람 한 사람의 생활문제는 오로지 그 사람에게 맡겨 두어 있었습니다. 그러나 우리 헌법은 그렇게 하지 아니하고 생활능력이 없는 사람에게 대해서는 국가가 이것을 보호해서 생활할 수 있게 되도록 그런 체제를 취한 것이올시다.

---

6 헌법제정회의록, 102면.

7 헌법제정회의록, 103-104면.

2 근로자의 이익균점권 보장과 기업운영참가권의 좌절

1) 이익균점권의 보장경위

이익균점권은 원래 헌법초안에는 규정되어 있지 않았지만 제헌국회 본회의 제2차 독회에서 제안된 제17조의 수정안을 지주와 자본가를 대변하는 한민당계와 농민 등 근로대중을 대변하는 비한민당계가 2일간에 걸친 10시간여 동안의 격론을 벌인 뒤 무기명투표 끝에 드디어 보장되었다는 점이 두드러진 특징이다. 헌법초안의 심의 과정 중 전 국민의 관심이 집중되었던 최대의 현안문제가 바로 이익균점권 등의 문제였던 것이다.

전진한은 제헌국회에 근로자의 이익균점권과 기업참여권 그리고 농민에의 토지 분배 등을 주요골자로 한 '노농 8개 조항'안[8]을 제출하

---

8 대한노총위원장 전진한 의원 외 9명은 "이 헌법제정에 있어 균등사회의 실현을 위하여 건투하고 있는 노동자 농민의 여망을 받아들여 헌법에 이익균점에 관한 조문을 삽입하여 줄 것"을 내용으로 하는 다음과 같은 이른바 '노농 8개 조항'을 1948.6.14. 국회에 제출하였다.

一. 근로자의 단결, 단체교섭과 파업, 기타 단체행동의 자유는 법률의 범위 내에서 보장된다.

二. 노령, 병약, 기타 근로능력의 상실 또는 실업으로 인하여 생활을 유지할 능력이 없는 자는 법률의 정하는 바에 의하여 국가의 보호를 받을 권리가 있다.

三. 광물 기타 중요한 지하자원, 수력, 수리, 산림, 기타 경제상 이용할 수 있는 모든 자연력은 국유로 한다. 공공 필요에 의하여 일정한 기간 그 개발 이용을 특허하거나 또는 특허를 취소함은 법률의 정하는 바에 의하여 차를 행한다.

四. 노동과 기술은 자본으로 간주한다. 관공 사영 일체 기업체에 속한 노동자는 임금 이외에 당해 기업체의 이윤 중에서 최저 30% 이상 50% 이내의 이익배당을 수할 권리가 있다. 각개 기업체에 대한 구체적 이익 배당률은 국민경제회의의 결의를 통하여 법률로써 정한다.

五. 관공 사영 일체의 기업체에 속한 노동자는 당해 기업체의 운영에 참여할 권리가 있

였다.[9] 전진한은 '노농 8개 조항'안 제출의 기본적 배경을 노동과 자본의 통일을 확보함으로써, 궁극적으로는 남북통일의 사상적 근거를 마련하는 데에 두고 있다. 전진한은 이익균점권 등의 보장은 "조선의 민족적 양심이나 계급양심"에 비추어 "우리가 세우는 정부에 대한 영향 또는 남북통일에 대한 영향 또는 우리가 건국 후에 우리 민족이 완전히 살아갈 수 있는가 하는 여러 가지 문제에 미치는 그 영향이 많기 때문에 대단히 중요한 문제"로 인식하고 있다.[10] 남북통일의 과제를 달성하기 위한 이념적 초석으로서의 이익균점권 보장 등에 관한 그의 주장을 좀 더 구체적으로 들어보기로 한다.[11]

결국 말하자면 민족통일이라는 것이 중대 과업인데 이 과업을 완수하느냐 하는 것이 절대한 것인 줄 압니다. 더욱이 전 민족이 누구든지 어떠한 민족이상 어떠한 민족창의 모두가 통일됨이 있어야 민족통일과 공통성을 얻을 것으로 믿습니다. 이러한 의미에서 이번 대한노총 기타 근로대중의 조직체를 통해

다. 각 기업체 내에 노자협의회를 구성하여 운영에 관한 중요사항을 협의하여 노자협의회의 판정 없이는 노동자의 해고, 정직, 기타 처분은 하지 못한다. 노자협의회에 관한 사항은 국민경제회의의 결의를 통하여 법률로써 정한다.

六. 농지는 농민에게 한하여 분배하되 그 대상은 그해 농지의 연생산령의 25%를 5개년간 정부에 납입함으로써 그 소유를 획득한다. 농지의 분배방법, 소유권의 한도, 소유권의 내용과 한계는 법률로써 정하되 한 세대의 농민이 3정보 이상의 농지를 소유함을 부득한다.

七. 자본과 무역은 국가의 통제 하에 둔다. 차에 관한 사항은 법률로써 정한다.

八. 국민경제회의는 경제와 사회 문제에 관한 기본정책에 관하여 내각의 자문에 응하며 그 입안한 바를 내각에 건의한다. 국민경제회의의 조직은 법률로써 정하되 구성원의 반수는 직역별 노동자대표로써 정한다. 김사욱, 『한국노동운동사』(상)(산경문화사, 1979. 10), 83－85면.

9 전진한, 『이렇게 싸웠다』, 296면.

10 헌법제정회의록, 466－469면.

11 헌법제정회의록, 280면.

서 이 국회에 격려하는 안건이 지금 낸 것이 8개 조 있습니다. 그중 특히 중요한 문제는 노동자도 앞으로는 과거의 자본가적 경제체제에 있어서 상충이 있었던 그 지역에 해방이 되어 가지고 노동자도 생산의 원동력이 되어 힘 쓸 수 있도록 힘을 발휘할 수 있으리라는 이러한 의미에서 말하는 것입니다. 노동과 자본이 통일된 처지가 되어서 창의성을 발휘하는 새로운 민족적 근거를 걸어 가지고서 그런 큰 이상을 가지고 이것이 앞으로 남북통일을 하는 그 사상적 근거로서 하지 않으면 우리가 남북이 완전히 통일이 되는 이때에 비로소 사상적 투쟁이 떠날 줄 압니다.

헌법기초위원회 위원장이던 서상일 의원은 헌법안 제2독회(1948.7.3. 국회 제24차 회의)에서 "7조·18조·19조는 우리나라 산업국책의 기본을 결정하는 중요한 조문이라고 생각하는 바입니다. 따라서 대한노총 관계 33단체로부터 전진한 의원 외 아홉 분의 제안을 지지하는 탄원서가 들어왔고 또한 대한농총 외 19단체에서 서류가 들어왔고 인천조선섬유회분회 외 32단체에서 들어왔습니다. …… 또 그 안에 대한 반대의견으로 어제 여러분에게 배부된 조선상공회의소에서 또한 제안한 것이 있습니다[12]"라고 경과 보고를 하였다. 그리고 제17조, 제18조에 대하여 국회의원이 제출한 수정안만도 7, 8개에 달하였고 수정동의를 낸 의원도 무려 80여 명에 이를 정도였다.[13] 또한 사회를 보던 신익희(申翼熙, 1894) 부의장(광주, 대한독립촉성국민회, 일본 와세다대학 정경학부 졸업, 상해임정국무원비서장, 입법의원 의장),[14] 곽상훈(郭尙勳, 1896)

---

12 헌법제정회의록, 451－452면.

13 유진오, 『헌법기초회고록』(서울: 일조각, 1980), 95면.

14 "제 생각 같아서는 이 제17조·제18조·제19조의 3개조는 당장에 토론해서 작정하기는 너무나 중대한 문제이니 좀 시간의 여유를 두어 가지고 오늘이 토요일이니 일요일이 가운데 있으니까 여러분도 잘 연구해서 토론하는 것이 좋을까 생각합니다." 헌법제정회

의원(인천 갑, 무소속, 경성고등공업학교 중퇴, 신간회중앙감찰위원, 인천체육회장),[15] 박기운(朴己云, 1912) 의원(청주, 무소속, 일본 와세다통신대학 법학부 3년 수료, 대동청년단 충북도부단장)[16]도 제17조 등의 조문이 민족의 전체를 좌우하는 중대한 문제라고 주장하였다. 제17조에 대한 다양한 수정안은 결국 수정안 제1안(문시환 의원 외)[17]과 제2안(조병한 의원 외)[18]으로 압축되었다.

사안의 중대성으로 인해 수정안에 대한 토론이 종전까지 취해오던 심의 신속을 위한 의원 발언시간의 제약(5분간)[19] 분위기를 벗어나서

의록, 479면.

15 "이 문제는 사실상 우리 민족의 전체를 좌우하는 중대한 문제인 만큼 하루라도 좋고 사흘이라도 좋으니 토론하는 것이 좋습니다. 만약에 이 문제가 잘못될 것 같으면 우리의 여태까지의 노력은 수포로 돌아갈 것입니다." 헌법제정회의록, 479면.

16 "우리 민족의 8할을 점하고 있는 농민근로대중을 무시하고 있는 헌법초안 17조를 농민과 근로대중을 위한 헌법으로 수정하지 않으면 안 된다는 것을 알아야 합니다. 지금 국회 내에서 헌법초안 제17조가 수정되느냐 안 되느냐 하고 일대 격론이 일어난 이순간 북한동포나 남한동포나 시청이 집중되어 있다는 것을 아십니까? 저 바다 가운데 제주도에서 우리 민족끼리 피를 흘리고 싸우고 있는 참경 속에서도 서로 총대를 버리고 본 헌법 제17조가 어찌 되었는가 하고 라디오에 귀를 기울이고 있다는 것을 아십니까? 오직 우리 민족은 8할을 점하고 있는 농민근로대중을 무시하는 헌법이 제정되어서는 통일도 독립도 민족의 행복도 없을 것입니다. 우리 민족은 민족적 관념으로 분석하여 보면 8할을 점하고 있는 농민근로대중이 기본민족이고 2할의 특수계급민은 부가 민족입니다. 우리 헌법은 진실한 한국기본민족을 토대로 삼는 헌법을 제정하지 않고는 민족은 망하고 말 것입니다. 국회의원동지 여러분! 민족을 살리겠습니까? 죽이겠습니까? 헌법초안 제17조가 우리 민족을 살리고 죽이고 하는 조목입니다. 우리 민족을 살리기 위하여 수정안에 찬성하여 주시기를 바랍니다." 헌법제정회의록, 489면.

17 제1안은 제17조 제1항을 "모든 국민은 근로의 권리와 의무가 있으며 근로자는 노자협조와 생산증가를 위하여 법률의 정하는 범위 내에서 기업의 경영에 참가할 권리가 있다"로, 제3항을 "기업주는 기업이익의 일부를 법률의 정하는 바에 의하여 임금 이외의 적당한 명목으로 근로자에게 균점시켜야 한다"를 첨가하는 안이다.

18 제2안은 제17조 제2항을 "근로조건의 기준은 법률로써 정한다. 단, 노동자는 이익배당의 균점권을 가진다"로 수정하는 안이다.

19 "(6월) 29일부터 대체토론에 들어갔는데 이때 한민계와 독촉계 의원의 시간제약 제의로 발언은 반봉쇄 상태에 빠지지 않을 수 없게 되었다. 즉, 이 날의 사회자 신익희 부의장

이 문제 하나로 7월 3일(토) 오전·오후의 두 차례 본회의와 7월 5일(월) 오전 본회의까지 무려 10시간에 걸쳐 진행된[20] 것을 통해 이익균점권[21] 등의 보장 논의가 헌법초안 심의의 '태풍의 눈'으로 작용한 것을 미루어 짐작할 수 있다.[22]

은 '의장의 명도 있고 하니 헌법을 조속히 통과시키기 위해서 각 의원의 발언시간을 5분간으로 제한하자'고 간청조로 제의하였다. 이에 조봉암·이문원·윤병구 등 무소속 측에서는 강경히 반대하였다. 그러나 결국 5분으로 제한하되 발언자의 특별한 요청이 있으면 의장이 참작해서 시간 연장을 할 수 있게 하기로 대세는 기울어졌다. 그리하여 이 부자연한 제한은 단원제 대통령임기제에 반대연설을 톡톡히 해보려고 벼려오던 무소속 측의 감정을 폭발시킨 원인이 되었다." 김영상, 「헌법을 싸고 도는 국회풍경」, 『신천지』(1948.7), 28면.

20 조선일보와 동아일보는 이러한 사실을 1948년 7월 4일, 1면 머리기사로 대서특필하고 있다. 그 보도의 머리기사 제목을 조선일보는 "노동자와 기업주, 권리옹호에 양견해, 헌법토의 제17조에서 정돈(停頓)"이라 하고, 동아일보는 "이득균점문제로 논쟁, 수정. 원안 양파대립"이라 하고 있다.

21 유진오는 "특히 문제된 것은 소위 근로자의 기업이익균점권인데 무엇을 근로자라 하며 무엇을 기업이라 하느냐의 개념규정이 명확하지 않아 토의는 한층 혼선을 빚어냈다"라고 술회하고 있다. 유진오, 『헌법기초회고록』, 95면.

22 헌법초안의 본격적 심의 과정(축조토론)인 헌법안 제2독회(1948.7.1. 제22차 회의−7.7. 제27차 회의)에서 이익균점권 등을 보장한 제17조의 수정안에 대해서만 2일간에 걸쳐 10시간의 토론이 있었을 뿐 나머지 조문은 일사천리로 통과되었다는 사실이 이를 뒷받침한다고 볼 수 있다. 이때의 헌법제정회의록과 다음의 글을 보면 그 사실이 자명하게 드러난다. "7월 1일부터 제2독회로 들어갔는데 이승만 박사로부터 축조토론에 앞서 '…… 국호개정을 위해서 토론으로 1분이라도 시간을 낭비함으로써 헌법통과에 방해가 되지 않도록 합시다'라는 발언이 있자 어처구니없을 만치 국호는 물론 제16조까지 초안대로 일사천리로 통과되었다. 그러나 제17조 토의로 들어가자 한민 측과 반한민 측은 준열한 격론을 전개하여 7월 3일의 제24차 상하오 회의 제25차(원문에는 제26차 회의라고 되어 있는데 오식인 것 같다: 필자) 상오 회의에서 전후 10시간에 긍하여 각축전이 벌어졌던 것이다. …… 7월 5일 하오 회의부터는 제18조 토론으로 들어갔는데 …… 의장 이승만 박사는 신, 김 양 부의장에게 교대로 사회를 보게 하더니 이날은 손수 사회자가 되어 '헌법초안 각 조항에 대한 수정안이 백여 건에 달하니 이는 초안 본문보다 많다. …… 그러니 빨리 통과시키기 위하여 수정안을 철회들 하시오. 철회하지 않는 이가 있다면 그는 딴 의도를 가진 사람일 것이요' 하고 철회 요구를 하자 단원제를 양원제로 하자는 등등의 백여 건에 달하는 수정안은 거의 대개가 제안자로부터 철회되었기 때문에 제18조부터 제103조까지는 특기할 만한 수정 없이 일사천리 격으로 통과되어 7월 12일에 제3독회까지 마치게 되어 전기한 내용의 헌법이 제정된 것이다." 김영상,

수정안에 대해서 한민당계 의원들은 반대를 하고 주로 무소속 의원들이 찬성발언을 하였다.[23] 특히 주목되는 점은 수정안의 표결방식을 종전의 상례에 따라 거수로 하지 않고 이례적으로 무기명투표 방식을 최초로 도입했다는 사실이다.[24]

결국 조병한 의원의 제2안이 가결[25]됨으로써 이익균점권만 보장되고 기업운영참가권 보장은 좌절되었다. 이익균점권의 보장경위에 대한 당시의 분위기를 전진한은 다음과 같이 간략하게 술회하고 있다.[26]

> 나는 제헌국회에서 노동자 이익균점, 노동자 기업참여, 농민에의 토지분배 등 노농 8개 조항을 제출하였다. 내가 이 안을 제출하자 상공회의소 측에서

「헌법을 싸고 도는 국회풍경」, 29－30면.

23 "문시환 씨의 수정안에 대한 가부론이 시작되자 한민당계 의원들은 자본가의 대변인 역할을 부하하고 나서서 '문씨 안대로 근로자에게 기업운영에 참여시키고 균점권을 주면 기업가의 기업 의욕을 말살하게 되고 따라서 조선의 부흥사업은 부진일로밖에 없을 것이다'라고 반대를 주장하고 윤석구·박해정·신성균·전진한 제 의원은 …… '기업의 원동력인 노동력을 생산증진에 잘 이용함으로써 국가는 부강할 수 있을 것이다. 그러므로 노동자에게 이윤을 당연히 배당해야 한다. 그리고 노동자가 기업운영에 참획하게 되면 내 기업체라는 책임감과 생산 의욕에서 몇 배의 생산량을 낼 수 있게 될 것이므로 수정안을 채택치 않으면 안 된다'고 외치는 것이었다." 김영상, 「헌법을 싸고 도는 국회풍경」, 29－30면.

24 "조문표결에 있어서 무기명투표를 행한 것은 이것이 효시였으니 그 내막인즉 한민계에서는 상례대로 거수로 표결하면 반대자와 찬성자가 남의 눈에 띄게 되는 까닭에 대한노총의 반위협적인 기세에 대한 방비책으로서 안출되었던 방법이었던 것이다. 이와는 반대로 수정동의안 찬성 측에서는 기명투표를 주장하였고 또 표결에 하루 앞서 유홍열 의원은 서면으로 17조 표결은 기명투표로 할 것을 서면동의까지 하였으나 어떻게 된 셈인지 간부 측에서는 그런 것 알 수 없소 식으로 휴지화시켰기 때문에 노발대발한 일이 있었다." 김영상, 「헌법을 싸고 도는 국회풍경」, 30면.

25 조선일보와 동아일보는 1948년 7월 6일, 1면 머리기사에서 수정안의 통과를 각각 대서특필로 자세히 보도하였지만 그 기사의 제목이 풍기는 뉘앙스는 차이가 크다. 조선일보는 "노자문제에 일대 진전, 이익배당을 균점, 난항의 헌법노동조항에 서광"이라고 한데 비하여 동아일보는 "근로조항 수정안 통과, 헌법안 토의 신단계에"라고 하고 있다.

26 전진한, 『이렇게 싸웠다』, 296－297면.

이것을 부결해버리려는 운동이 맹렬히 일어났다. 회의에서 이 안들이 거의 다 통과될 기세가 보이자 이 박사가 의장을 보다가 신익희 부의장에게 맡기고 나갔고 신 부의장도 어물어물하다가 산회를 선포하고 퇴장하고 말았다. 다수 의원들은 퇴장하지 않고 나를 임시의장으로 추천하여 이 안들을 직석에서 통과시키려까지 했었는데 2, 3일 후 다시 회의가 열렸을 때에는 의원들 중에 상당한 수가 회유를 당해서 노동자 기업참여만은 부결되고 노동자 이익균점을 위시한 다른 항목들은 대개 통과되었다.

2) 기업운영참가권의 좌절

근로자의 기업운영참가권 보장은 좌절되었지만 이를 옹호하는 입장과 이를 반대하는 입장으로 나누어 그 주장논거를 각각 자세히 살펴보기로 한다. 이러한 견해의 차이는 결국 노동과 자본의 대립상을 반영한 것으로 볼 수 있다.[27]

---

27 당시의 국회 상황을 김영상 씨는 다음과 같이 증언하고 있다. "신성균, 전진한 제 의원은 근로자에게 운영권을 준다고 해서 기업가 되기를 포기하는 자본가가 우리나라에 있다면 그는 사회적으로 용납 못할 낙오자라고 아니할 수 없다. 자본가가 훌륭한 공장이 있어도 원동력이 되는 노동력이 없으면 도저히 생산할 수 없을 것이다. 기업의 원동력인 노동력을 생산 증진에 잘 이용함으로써 국가는 부강할 수 있을 것이다. 그러므로 노동자에게 이윤을 당연히 배당해야 한다. 그리고 노동자가 기업운영에 참획하게 되면 내 기업체라는 책임감과 생산의욕에서 몇 배의 생산량을 낼 수 있게 될 것이므로 수정안을 채택치 않으면 안 된다고 외치는 것이었다. 그런데 당시 국회에는 만약 수정안대로 안 되면 우리는 파업을 사양치 않겠다는 뜻까지 표시한 대한노총의 진정서와 체제 좋은 팜푸렛으로 원안대로 통과시켜 달라는 상공회의소의 진정서가 들어왔던 까닭에 일층 노자의 대립상을 여실히 보여주었던 것이다." 김영상, 「헌법을 싸고 도는 국회풍경」, 『신천지』(1948.7), 29-30면.

(1) 옹호하는 입장

기업운영참가권 보장을 옹호하는 주장의 논거로는 참여적 사회협의체의 필요성, 상호구조원칙의 실현, 생산증가에 대한 근로자의 자율적 적극책임, 노동자의 해방과 독립 달성 등을 들 수 있다.

① 참여적 사회협의체의 필요: 전진한 의원

전진한 의원은 "앞으로 적산의 운영은 전 민족 여하로 되지 아니하면 도저히 조선의 소위 산업이 부흥될 가능성"이 없으므로 이를 위해 자본가뿐만 아니라 "전 민족의 역량 즉 근로대중으로 말하자면 전 정열을 전 국가의 힘으로 해야만 산업이 부흥될 수" 있다고 진단하면서, 산업건설에 참여하는 각 당사자의 협의기관이 필요하다는 점을 들어 근로자의 기업경영참가권 보장근거를 다음과 같이 피력하였다.[28]

> 재산에 대한 앞으로의 그 기본원칙은 자본가, 노동자, 국가 세 가지 말씀으로 같은 동등한 지위를 보장한다. 다시 말하면 국가는 모든 국가의 것을, 자본가는 자본가의 것을, 노동자는 노동자의 것, 즉 자기 맡은 바 일을 하여 그 지위를 보장하자는 것입니다.
>
> 그러하면 서로 협조하는 기관이 필요합니다. 서로 서로의 방면에서 서로 의견을 교환하는 것은 필요하다 그것이올시다. 다시 말하면 어떠한 기관을 세워 가지고 노동자의 의견을 들어야 해요. 노동자도 자기의 창의를 발하고 또 자기의 모든 정력을 가지고 건설해 가는 데 협의를 하고 노동자도 한 개의 살이 되지 말고 적어도 의식적으로 이 산업건설에 참여하자는 것이 소위 노동자계급운동의 참여입니다.

---

28 헌법제정회의록, 467–468면.

② 상호구조원칙의 실현: 장홍염 의원

장홍염(張洪琰, 1910) 의원(무안 을, 한국민주당, 중국북경대학 경제과 3년 수료, 일경에 피검되어 경성지방법원에서 3년형 언도)은 근로자의 기업경영참가권 보장근거를 상호구조원칙의 실현으로 보면서 이를 다음과 같이 주장하였다.[29]

> 생산에 이익도 나니까 제일 중요한 목적은 그 기업체의 생산증가입니다. …… 그러면 어째서 반드시 노동자가 기업체의 운영에 참가해야 하는가. 이것은 서로 돕는다는 상호구조의 원칙으로 반드시 기업에 참가해야 합니다. 어째 그러냐 하면 한 예를 들면 서로 돕지 않는 동물이나 생물계의 기업체는 파멸한다는 것을 의미합니다. …… 그러나 미력한 벌이나 개미 같은 짐승은 상호구조 원칙을 철저히 지키고 있기 때문에 넉넉히 외적을 방지하고 자기네의 생존권을 시인해서 넉넉히 번식하고 있습니다. …… 그러므로 반드시 노동자는 기업체에 참여할 참여권을 주고 그 사람이 그 기업체를 자기네의 기업체로 인정하고 자기네의 전력 힘을 다해서 생산할 것입니다. 그러니까 반드시 이 기업체에 참가시켜야 됩니다.

③ 생산증가에 대한 근로자의 자율적 적극책임

생산증가에 적극적 책임: 문시환 의원 문시환 의원은 "해방이후에 파업이 일어난 파업의 조건을 본다면 대부분이 경영에 참가하고자 하는 것"이라 분석하고 "그러한 근로자의 인권을 옹호하고 그저 근로의 권리와 의무가 있다는 것만으로는 안 되니까 경영에 대해서 돈 내는 자본주, 노동력을 내는 노동자들이 같이 산업부문에 대해서 책임을 지고

---

29 헌법제정회의록, 471–472면.

같이 의무를 가지는 동시에 자기네가 할 수 있는 그 부문에 있어서 운영에 대한 권한을 주어야 할 것"이라고 하면서 다음과 같이 표명하였다.[30]

> 해방 후에 우리가 경제 상태는 노자와 협조될 수 있는 큰 중요한 원인이 있습니다. 그것은 무엇이냐, 적산이올시다. …… 일본의 적산을 금후 정부가 적당히 잘 처리해 나가면 노자협조를 실현할 가능성이 충분히 있습니다. 그러므로 자본가는 크게 양보하는 태도를 취해야 할 것이고 노동자는 한걸음 나아가서 산업부흥 생산증가에 적극적으로 책임을 져야 할 것입니다. 의무를 져야 할 것입니다. 그런 의미에서 노무자는 기업운영에 참가시키자는 것입니다. 결단코 이것은 공산주의를 본받은 것도 아니고 사회주의를 본받은 것도 아닙니다.

국가에 대한 노동자의 의무: 이재형 의원 이재형(李載瀅, 1914) 의원(시흥, 무소속, 일본 추오대학 법학부 졸업, 금융조합연합회 사업부장과 고문)은 "건국에 있어서 모든 노력은 오로지 생산 증강의 방향으로 집중"되어야 할 것이라고 전제하면서 따라서 근로자의 기업경영 참가는 심지어 "국가에 대한 노동자의 의무"라고까지 하였다.[31]

> 여기에 있어서는 자본가도 없고 기업가도 없고 노동자도 없고 농민도 없고 우리의 노력은 오로지 생산증강이라는 한 개의 목표에 집중되어야 할 것입니다. 그러므로 이 근로자가 기업에 참가하겠다는 이 요구는 이것은 기업자에 대한 노동자의 한 권리일지는 몰라도 국가에 대한 노동자의 의무라고 봅니다. 그 기업이 민족 전체가 살아갈 수 있는 방향에서 한 발짝이라도 비뚤어 걸어가지

---

30 헌법제정회의록, 455–456면.

31 헌법제정회의록, 492–493면.

않도록 오직 우리 국가 현재에 있어서 자족적 노선으로써만 가도록 하자는 이것으로 봅니다. …… 다음에 기업의 참가로 말미암아 기업과 노동자 간에 늘 분쟁이 일어나지 않겠는가. 그것이 분쟁이 일어날 염려가 충분히 있습니다마는…… 생산반대의 노선으로 나가지 않도록 노동자를 잘 조직시키고 질서를 지킬 수 있도록 해가지고 한 개의 대표자가 전 노동자의 애국적 의사를 대표해가지고 기업에 참가시키도록 말미암아서 어디까지든지 애국적 방향으로 나가느냐 안 나가느냐, 이것만을 협력하도록 하자는 것이지 왈가왈부를 일삼는 것을 조장하는 의미에 있어서 이것을 찬성하는 의미는 아닙니다.

노자협조 생산증가: 이유선 의원 이유선(李裕善, 1903) 의원(부천, 대한독립촉성국민회, 배재고등보통학교 졸업, 구산진영학원 경영)은 "근로자가 기업의 운영권을 가지는 데 있어서 물론 기업자로 하여금 생산 의욕을 저하시킨다면 거기에 따라서 생산은 저하될 우려가 있다고 하는 데 있어서 반대"한다는 것을 인정하면서, "여기에 기업권에 참가한다고 하는 것은 노자협조 생산증가 하는 가운데서 법률의 정한 바에 의지해서 참가한다고 하기 때문에 이것은 반드시 우리의 생산을 위해서 증가할 목적을 추가하는 까닭에 찬성"한다고 밝혔다.[32]

④ 노동자의 해방과 독립 달성: 신성균 의원

신성균(申性均, 1907) 의원(전주, 무소속, 일본 와세다대학 전문부 법과 졸업, 한국독립당 전북도당위원장)은 근로자의 기업경영참가권 보장 문제는 법률로써 정할 근로조건의 문제가 아니라 "반드시 이 헌법에 넣어야 할 것"이라고 강조하면서 그 이유를 다음과 같이 내세웠다.[33]

---

32 헌법제정회의록, 502면.

> 어떤 의원이 나서서 이 수정안을 통과시키는 것은 종래 자본주의의 착취를 받은 노동자가 반대로 노동자가 자본가를 착취할 염려가 있다고 반대하셨습니다. 그 언법으로 말하면 자본가는 노동자를 착취해야 좋겠다는 말씀이 되겠습니다. 그런데 노동자를 해방하느냐 하는 것은 실제에 있어서 우리 독립을 달성하느냐 안 하느냐 하는 중대한 문제라면 노동자로 하여금 기업에 참여시켜야 할 필요가 절대로 있는 것입니다.

(2) 반대하는 입장

기업운영참가권 보장을 반대하는 주장논거로는 사유재산보장제도 취지의 위반, 사기업 경영주와 근로자의 구별 필요성, 기업자의 심리위축으로 취업기회 감소 우려, 생산증가 명목으로 노동력의 상품화 강화, 공산색채를 띨 우려 등을 들 수 있다.

① 사유재산권 보장취지에 위배: 이항발 의원

이항발(李恒發, 1891) 의원(나주 갑, 무소속, 연희전문학교 중퇴, 조선일보 사회부장)은 노자 문제의 해결과 생산증강을 통한 민족의 부강 문제에 대하여 "모든 국민이 모든 부면에 참가한다고 하면 모르지만 어떤 근로자만이 운영에 참가한다고 하는 그 사회제도에 있어서 그것을 인정하느냐 안 하느냐 그것이 문제"라고 전제하면서, "우리 한국에 있어서 사유재산권을 인정한다고 하면 그 근로자로 하여금 그 운영에 참가한다고 하는 것은 불가하다"고 주장하였다.[34]

33 헌법제정회의록, 470-471면.

34 헌법제정회의록, 501면.

② 사기업의 경영주와 근로자의 구별 필요: 김도연 의원

김도연(金度演, 1894) 의원(서대문, 한국민주당, 미국 콜롬비아대학 졸업, 미국 워싱턴아메리칸대학 경제학박사, 입법의원 의원)은 "우리는 사기업을 인정하는 동시"에 "경영주와 자본을 내는 사람과 노동을 제공하는 사람의 세 부분이 합해서 사기업을 운영"한다고 하면서, 결국 근로자는 경영주가 아니라는 점을 다음과 같이 밝혔다.[35]

> 사기업을 인정한다고 할 것 같으면 지금 노동자로 말할 것 같으면 경영주가 아닙니다. 노동자는 자기의 노임을 받고 일하는 사람입니다. 그러면 그이가 경영주가 되어서 그 사업체를 운영한다고 할 것 같으면 거기에 노동주(勞動主)와 노동자의 구별이 없이 노동자와 고용주가 합한 공동기업체가 됩니다. 그 사업을 경영하는 데 있어서 그 경영하는 공동체로 경영하는 의무에 있어서 노동자는 대표해서 경영권에 참여하겠다는 것이 아니라고 생각합니다. 적어도 노동자의 이익을 주장하기 위하여 결국 노동자는 참여하려고 하는 그러한 의미인 줄 압니다. …… 만일에 이것을 주장한다면 앞으로 사업건설하는 데 있어서 큰 지장이 있으리라고 생각합니다.

③ 기업자의 심리위축으로 취업기회 감소: 김준연 의원

김준연(金俊淵, 1895) 의원(영암, 한국민주당, 동경제대 법학부 독법학과 졸업, 독일 베를린대학 정치법률연구, 동아일보 편집국장·주필)은 근로자가 "기업에 참가할 권리를 가졌다면 그 권리를 써가지고 노동자의 실질적 생활을 향상 못한다면 노동자의 생활은 어떻게 진행될 것"일까 반문하고, 근로자의 기업경영참가권이 "기업자의 심리를 고취시켜서 기업을

---

35 헌법제정회의록, 473－475면.

적극적으로 진흥하지 못한다고 할 것 같으면 그만치 노동자가 취업할 기회가 적어 …… 노동자의 임금이 저하"됨으로써 "결국 대중을 위한다는 그 시설이 그 헌법이 노동자의 복리를 주지 않는 결과를 초래하지 않을까 염려"한다고 원안 지지 의사를 표명하였다.[36]

④ 생산증가 명목으로 노동력 상품화 강화: 노일환 의원

노일환(盧鎰煥, 1914) 의원(순창, 한국민주당, 보성전문학교 상과 졸업, 동아일보 기자, 조선신문기자협회 조사부장)은 근로자의 기업경영참가권 보장은 생산증가를 위한 노자협조의 명목으로 도리어 노동력 상품화를 강화하여 근로자에게 불리하게 될 우려가 있다는 점을 다음과 같이 지적하면서 조병한 의원 수정안에 찬성하였다.[37]

> 기업의 전 부분에 있어서 노동자가 참가하게 된다면 다른 명목으로서 근로자에 대하여 그러한 조문은 불필요하게 됩니다. 왜 그러냐하면 완전히 기업의 운영자의 한 사람으로 참가하게 된다면 기업주의 한 사람임으로써 따로 이익을 받아야 할 수는 없을 것입니다. …… 즉 노자협조의 정신에 있어서 노동자가 자본가에게 주장하는 권리를 맡겨놓고 생산증가라는 명목으로써 노동력을 상품화시키려는 데 강력히 했다고 보게 됩니다. …… 단지 참가시키는 것은 노자협조라는 허울 좋은 문구를 나열시키고 기실에 있어서는 오히려 노동자에게 불리를 끼칠 우려가 있습니다.

---

36 헌법제정회의록, 458면.

37 헌법제정회의록, 471면.

⑤ 공산색채를 띨 우려: 이승만 의장

사회를 보던 이승만(李承晩, 1875) 의장(동대문 갑, 대한독립촉성국민회, 미국 하버드대학 졸업, 프린스턴대학 철학박사, 대한국민대표민주의원 의장)은 근로자의 기업경영참가권 보장에 대한 반대 의견을 직접적으로 표명하지 않았지만 신속한 헌법 제정의 명분을 내세워 다음과 같이 자신의 반대 의견을 간접적으로 나타내었다.[38]

> 남의 나라에서 공산당의 선동을 받아가지고서 동맹파업을 해서 민생의 혼란을 일으키고 노동하는 사람들이나 자본가가 다같이 손해당하는 이것을 없도록 해야 되는 것이니까 그럼으로써 내 생각하는 것은 17, 18, 19조의 조문이 원만히 된 것 같은데 …… 그런데 어느 나라 헌법이든지 내놓고 보면 노동하는데 이것을 특히 보호한다고 헌법에 들어간 것이 없는 것입니다. …… 우리가 지금 조목을 여기다가 넣는다고 하면 지금 밖에 앉아서 우리가 공산색채를 띠었다, 국회에 어떤 다수 공산당이 들어가 가지고서 이것을 토의하지 않는가, 이런 우려가 또한 없지 않으니까 …… 그러므로 인해서 여러분에게 경고하는 것은 지금 이 문제에 대해서는 헌법에 여기 넣은 것으로 충분히 된 것으로 양해들 하시고 이만치 토의가 되었으니까 …… 이 헌법을 하루바삐 제정해야 할 것입니다.

38 헌법제정회의록, 509－510면.

3 근로권과 단체행동의 자유

1) 근로의 권리

(1) 제17조의 의미와 근본정신과 법적 성격

헌법안 제1독회(1948.6.26. 제18차 회의)에서 의원들이 제시한 제17조의 근로의 권리와 의무의 구체적 내용에 관한 질의내용과 이에 대한 전문위원의 답변을 살펴보기로 한다.[39]

① 근로의 권리와 의무의 의미: 각 의원의 질의내용

근로의 권리와 의무에 대한 의원들의 질의내용은 각각 다음과 같다.

"근로의 권리를 가진다는 것은 근로자가 절대로 실직 없을 것을 보장한다는 의미인가?"(김익로,[40] 박해정,[41] 박윤원[42] 의원). "근로의 권리는 법률로써 정할 것인가? 그러면 국민은 국가에 대하여 이를 주장할 수 있는가? 실업자는 국가에 대하여 실업수당을 청구할 수 있는가?"(박해정, 박윤원 의원) 근로의 의무불이행 즉 근로의무를 행하지 아니한 자에 대한 대책은 무엇인가?"(권태희[43] 의원).

---

39 헌법제정회의록, 141－142면.

40 김익로(金益魯, 1905) 의원(영일 을, 무소속, 사립광남학교 졸업, 남선민보사 사장)

41 박해정(朴海楨, 1916) 의원(경산, 무소속, 일본 추오대학 법학부 졸업, 경북도경찰국 총무과장)

42 박윤원(朴允源, 1908) 의원(남해, 무소속, 만주대동대학 졸업, 남해귀환동포회 총무)

43 권태희(權泰羲, 1907) 의원(김천 갑, 무소속, 일본 도시샤대학 신학과 졸업, 목사, 김천중학교 교장)

② '근로입국' 지향(근본정신)의 헌법상 권리의무(법적 성격): 유진오 전문위원의 답변

유진오 전문위원은 "제17조의 근본정신은 근로를 모든 국민의 의무로 삼는 동시에 근로를 하고 싶은 것이나 근로를 할 자리가 없어서 근로를 하지 못하는 사람에게 직장을 제공하도록 하자는, 근로를 국가를 세우는 기본으로 중요시한다는 그 정신을 17조에서 나타낸 것"이라고 입법취지를 명확히 하였다.

제17조의 법적 성격에 대하여 유진오 위원은 이는 도의적 권리의무가 아니고 헌법상 권리의무이지만 헌법규정만으로 곧 구체적 권리의무가 창설되는 것은 아니므로 이것을 "구체화하는 법률이 제정"되어야 할 것이라고 밝히면서, "실업 문제에 관한 것이라든지 근로자의 직장에 관한 문제라든지 또는 국민에게 근로의 의무를 고할 경우라든지 그런 것은 앞으로 제정될 법률에 의해서 구체화"해야 할 것이라고 답변하였다.[44]

(2) 국가의 직장부여의무 규정 필요 여부

① 국가의 직장부여의무: 김동준 의원 수정안

김동준(金東準, 1905) 의원(서산 을, 무소속, 일본법정대학 법문학부 졸업, 만주고등문관시험 합격)은 국민의 근로의 권리와 의무를 뒷받침하기 위하여서는 국가의 국민에 대한 직장부여의무가 전제되어야 한다고 다음과 같이 밝혔다.[45]

---

44 헌법안 제1독회(1948.6.26. 제18차 회의)에서 박기운 의원이 제기한 "만일 근로의 권리를 만들어놓고 생활의 보장을 하지 않으면 어떻게 되느냐"는 질의에 대하여, 유진오 전문위원은 "그 근로자의 생활 확보는 제17조 제2항에 규정한 것"이라고 답변하였다. 헌법제정회의록, 151면.

국가에서는 국민에게 대해서 직장을 부여하는 의무는 다시 말하자면 노동자는 일터를 주지 않고는 국가로서 근로의 권리와 의무를 가질 수가 없다는 것을 말씀하는 것입니다. 왜 그러냐하면 국가는 국민에게 직장을 부여할 의무를 규정함으로써 국민은 근로의 의무를 과한다고 할 수가 있습니다. 그러면 현실에 있어서 우리나라의 7백만 이상의 근로자는 국가로서 어떻게 그 직장을 알선하느냐. 여기에 대해서 대중기업체를 국영 또는 공영으로 해서 원활히 실시한다면 반드시 국가로서 근로자의 직장을 부여하는 그러한 의무를 가질 수가 있다는 것을 본인은 강조하는 동시에 17조에 "국가는 국민에게 직장을 부여할 의무를 진다"는 것을 넣어 달라는 것입니다.

② 근로의 권리 반면으로서의 당연한 국가의무: 서이환 의원 원안 지지

서이환(徐二煥, 1896) 의원(울릉, 무소속, 울릉도공립보통학교 졸업, 울릉도북남면장)은 국민의 근로의 권리를 보장해줄 의무는 국가가 당연히 지는 것이므로 국가의 국민에 대한 직장부여의무 규정은 불필요하다고 다음과 같이 원안을 지지하는 주장을 하였다.[46]

근로의 권리라고 할 것 같으면 그 권리가 반면에는 반드시 의무가 따르는 것입니다. 그 의무는 누가 지느냐고 할 때에 국민의 권리니까 그 권리를 보장해줄 의무는 국가가 지는 것입니다. 그래서 국가는 국민에게 직장을 부여할 의무를 진다고 하등 규정지을 필요가 없는 것입니다. 만민균등생활을 필요로 하는 것이니까 될 수 있는 대로 실업자가 없게 국가는 직장을 부여할 의무를 질 것이니까 나는 미안한 말씀입니다마는 연문(衍文)의 첨삭이라고 이렇게 보는 것입니다.

---

45 헌법제정회의록, 449면.

46 헌법제정회의록, 450면.

③ 원안의 가결

김동준 의원 수정안은 재석의원 175인, 가에 3인, 부에 93인으로 부결[47]되어, 원안이 확정되었다.

2) 단체행동의 자유: 파업권

근로자의 단결, 단체교섭과 단체행동의 자유를 보장한 제18조의 중요 관심사는 단체행동의 자유, 즉 파업권 보장 문제에 그 논의가 집중되었을 뿐이고 단결과 단체교섭의 내용에 대하여는 별다른 논의가 없었다.[48]

(1) 헌법상 파업권 보장원칙 확인 입장

① 파업권 보장 확인 후 수정안 철회: 전진한 의원

전진한 의원은 근로자의 기업운영참가권 보장의 필요성에 대하여 근로자가 "단체교섭권을 가졌다 하더라도 기업권이 있는 이상에는 착취"이므로 "도저히 노동자가 단체교섭권을 가지고는 …… 자기이익을 옹호" 못한다고 하면서 단체교섭의 한계를 주장하였다.[49] 그러나 제18조의 축조심의에서 전진한 의원 외 10인의 이에 대한 수정안이 제

---

47 헌법제정회의록, 451면.

48 다만 헌법안 제1독회(1948.6.26. 제18차 회의)에서 신광균 의원이 제18조에 "근로자라는 문자가 있는데 거기에는 농민까지 포함"되는가라는 이른바 근로3권의 주체 의미를 질의한 데 대하여, 유진오 전문위원은 "이 18조의 '근로'라는 말은 도회의 노동자를 상대로 쓴 것"이라면서 "농민이라고 하더라도 농민조합을 만든다든지 하는 권리는 역시 18조에 의해서 보장"된다고 답변한 점만 있을 뿐이다. 헌법제정회의록, 143면.

49 헌법제정회의록, 469면.

출되었으나 전진한 의원은 제18조에 파업권이 보장된 것을 확인한 후 그 수정안을 다음과 같이 철회하였다.[50]

제18조 단체교섭이라는 데 대해서 내용을 잘 모릅니다. 그런데 요전 질문시간에 전문위원이 파업권이 들었다고 했고 오늘 의장께서 파업권을 확인하셨다는 말을 들었습니다. 그러므로 이 수정안은 다만 그것을 기록에 남기고 앞으로 법률 제정할 때 충분하리라, 이것을 철회할 생각입니다.

② 파업권 보장은 제18조의 헌법정신: 조봉암 의원

조봉암(曺奉岩, 1899) 의원(인천 을, 무소속, 일본 추오대학 전문부 중퇴, 소련 모스크바공산대학 2년 수료, 조선공산당조직중앙위원장)은 헌법안 제3독회(1948.7.12. 제28차 회의)에서, 헌법안 각 조항의 헌법정신을 중요시 여겨 그 "법의 정신이 과연 어디에 있느냐고 하는 것은 우리가 결정하고 그것을 기록에 남겨놓고자 하는데……여기에 관계한 의장이라든지 기초위원 제씨라든지 또는 전문위원 제씨라든지 모든 분이 거기에 대한 해석이 일치해야 되고 이것이 기록에 남아야겠다"고 주장하면서 다음과 같이 제18조의 헌법정신[51]을 밝혔다.[52]

---

50 헌법제정회의록, 526면.

51 유진오 법제처장(제헌의회 당시 전문위원)은 헌법제정 공포 후 바로 다음 달에 쓴 '헌법제정의 정신'이란 제목의 논설에서 "근로자의 단결, 단체교섭과 단체행동의 자유(제18조 제1항)는 자유권의 특별한 종류로 보아야 할 것"이나 "우리 헌법상의 자유권은 신앙과 양심의 자유(제12조)와 학문과 예술의 자유(제14조)를 제외하고는 법률보다 앞서는 것이 아니라 법률에 의하여 인정되는 것"이라면서 근로3권의 자유권적 성격을 강조하고 근로의 권리와 의무, 근로자의 기업이익균점권, 노령질병, 기타 근로능력 상실로 인한 생활무능력자에 대한 국가보호는 이른바 수익권에 속하는 것이라고 밝혔다[유진오, 「헌법제정의 정신(1)」, 『법정』, 제3권 제8호(통권 제22호)(1948.8), 5면]. 제헌헌법 제18조 제1항의 문언 중 "단결, 단체교섭과 단체행동의 자유" 부분은 1962년 헌법 제29조 제1항에서 "근로조건의 향상을 위하여 자주적인 단결권, 단체교섭권 및 단체행동권"으로

제18조에 '노동자의 파업권'을 주장한 의원들이 많이 계셨습니다. 그러나 그 파업권은 지금 그 조항에 삽입이 되지 못하였습니다. 그런데 파업권을 주장할 때도 어째서 그것이 삽입이 못 된지 하니 그 아래에 보면 "단체교섭과 단체행동의 자유는 법률의 범위 내에서 보장된다." 그런 조항이 있기 때문에 단체행동의 자유는 그것으로써 파업권이라고 하는 것이 포함될 것이니까 특별히 파업권이라고 하는 것을 넣지 않아도 좋지 않으냐, 그런 해석이 되기 때문에 이것이 삽입이 안 된 것이올시다. 즉 이다음에 이 헌법을 해석하고 또는 행정하는 사람이 그때에 그런 파업이라도 하는 조항이 안 들었으니까 파업은 용인되지 않는다, 만일 그렇게 행정자가 생각한다면 이 헌법의 정신에 위반되지 않을까. 그렇기 때문에 우리가 이것을 일치한 의사로써 기록에 남겨야 할 것이올시다.

개정됨으로써, 제헌헌법 근로3권 규정 후반부의 '자유'가 삭제되는 대신 전반부에 새로운 제한을 가하는 '근로조건의 향상을 위하여 자주적인' 수식문구가 추가로 규정되었다.

이처럼 제헌헌법에 규정된 '단체행동의 자유'는 노동조합법 제정 당시 전진한 의원의 수정안이 가결되어 노동조합법(1953.3.8. 법률 제280호) 제1조에 "본법은 헌법에 의거하여 노동자의 자주적 단결권과 단체교섭권과 단체행동자유권을 보장하며 ……"로 반영되었지만 역시 노동조합법 개정(1963.4.17. 법률 제1329호)에서 1962년 헌법 개정 경우와 마찬가지로 '자유' 문언이 삭제되었다. 노동쟁의조정법(1953.3.8. 법률 제279호) 제1조에도 "본법은 헌법에 의거하여 근로자의 단체행동자유권을 보장하고……"로 제정 당시 규정되었지만 개정노동쟁의조정법(1963.4.17. 법률 제1327호) 제1조에서 이 부분이 전면 삭제되어 "이 법은 노동관계의 공정한 조정을 도모하고 노동쟁의를 예방 또는 해결함으로써 ……"로 바뀌었다.

이상 고찰한 것처럼 단체행동권은 제헌 당시의 헌법정신과 노동조합법 및 노동쟁의조정법 제정 당시의 입법정신을 근거로 살펴보면 그 성격을 자유권으로 파악함이 마땅하리라고 생각한다[졸문, 「노동조합법제정사의 법사회학적 조명」, 『서울대학교 법학』, 제46권 제2호(서울대학교 법학연구소, 2005.6), 179면; 졸문, 「노동쟁의조정법 제정심의의 주요쟁점」, 『서울대학교 법학』, 제49권 제1호(서울대학교 법학연구소, 2008.3), 29면; 졸문, 「단체행동권의 법적 구조: '생활조건'을 위한 '독자적' '행동의 자유권' 향유구조」, 이흥재 편, 『단체행동권』(사람생각, 2004.12), 13－14면 참조].

52 헌법제정회의록, 671－672면.

(2) 파업권 보장에 대한 비판적 입장: 이승만 의장

1948.7.5. 헌법안 제2독회 제24차 회의에서 사회를 보던 이승만 의장은 근로자의 기업경영참가권과 이익배당균점권의 수정안에 대한 토론이 막바지에 접어들 무렵 노동 문제 전반에 대한 자신의 견해를 이례적으로 피력하면서, 파업권 보장에 대한 직접적 반대는 하지 않은 채 다음과 같이 간접적으로 비판의 견해를 드러내었다.[53]

> 지금 영국에서는 이와 반대되는 동맹파업할 권리를 금지하는 법을 국회에서 지금 만들고 있습니다. …… 노동자의 동맹파업할 권리라는 것은 공산주의자들이 그것을 이용해 가지고서 공산당의 주의세력을 위해서 근로자가 이가 있든 해가 있든 막론하고서 동맹파업을 해서 전국의 경제력을 비끄러매고 이렇게 하니까 미국에는 큰 폐단이 생겨서 민생의 생활문제가 파탄이 되는 까닭으로 해서 지금은 미국정부에서 국회에서도 동맹파업이라는 것을 어떤 범위 안에서는 못한다는 법을 만들려고 하고 있습니다. …… 그러니까 공산당에서 충동을 붙여서 싸워 가지고서 서로 대립해서 자기들이 해를 당할 것이 무엇인가 하면 노동자들이 동맹파업을 해서 자본가들이 돈을 내놓지 않은 경우에 먼저 고생하는 사람은 노동자가 먼저 고생하는 것입니다.

(3) 파업권의 범위

헌법안 제1독회(1948.6.26. 제18차 회의)에서 이항발 의원은 제18조의 내용에 대하여 "실제적으로 근로자들이 일체 행동을 자유로 할 수 있다면 공무(公務)에 관계되는 것이라도 또는 파업 같은 것도 무관한" 것인지 질의하였다.[54] 이에 유진오 전문위원은 다음과 같이 답변하였다.[55]

---

53 헌법제정회의록, 507－508면.

이 단체행동의 자유는 지금 질의한 대로 때로는 파업의 자유까지도 포함하는 것이라고 해석하겠습니다. 다만 그것은 법률상 범위 내에서 보장되는 것이므로 이 노동에 대한 법률이 어떻게 제정되겠느냐 하는 것은 …… 대개 선진국의 예를 보면 노동자는 단번에 파업이라는 형태로 들어가지 아니하고 많이 조정을 하는 그런 과정을 밟은 후에 최종수단으로서 파업으로 나가는 제도가 외국에서 발달되는 것 같습니다.

3) 근로능력 상실자의 생활보호

(1) 근본으로는 사회보장법(제19조의 헌법정신): 조봉암 의원

조봉암 의원은 제19조의 법적 성격과 그 내용에 대하여 이는 "근본으로는 사회보장법에 가까운 것인데 노동자가 작업하는 데 있어서 부상을 당한다든지 질병을 얻는다든지 또는 실업하는 경우에 있어서 그것을 국가에서 보호하여야 한다는 그런 조항이 반드시 있어야 하겠다"고 주장하였음을 전제한 뒤, 이러한 헌법정신으로 제19조를 해석하기 위하여 그 기록을 반드시 남겨야 한다고 다음과 같이 발언하였다.[56]

그때에 몇 기초위원과 전문위원께서 말씀하시기를 "질병 기타 근로능력의 상실로 인하여 생활유지가 곤란하다" 이런 조항이 있고 또는 부상한다든지 실업한다든지 할 적에는 반드시 "기타 능력의 상실"이라는 조항으로 다 취급해서 해결할 수 있다. 그러니까 일부에 그런 문구를 안 넣어도 좋다고 그런 해석을 하였습니다. 이것은 역시 전항과 같이 우리의 헌법정신이 이렇다고 하는 것을 확실히 기록에 남겨놓고 넘어가야 할 것이올시다.

---

54 헌법제정회의록, 144면.
55 헌법제정회의록, 145면.
56 헌법제정회의록, 672면.

(2) 근로자의 사회보험제도

① 3개의 수정안

19조에 대한 수정안으로 전진한 의원 외 10인, 김동준 의원 외 10인, 유래완(柳來琬, 1889) 의원(양평, 무소속, 일본신호시립 진천상공실업학교 상업과 졸업, 입법의원 의원) 외 7인 등이 각각 제출하였으나 전진한 의원이 이를 모두 합쳐서 제안하였다.

실업보험: 전진한 의원 수정안 전진한 의원은 원안을 찬성하지만 실업보험제도[57]의 창설 필요성 때문에 수정안을 제출한 것이라고 다음과 같이 밝혔다.[58]

> 생활능력이 없는 사람도 국가가 보호할 필요가 있다는 이런 의미에서 즉 말하자면 실업보호의 의미에서 앞으로 이 조문을 실업보험이라는 사회보험 역시 하나 있을 필요가 있다는 이런 의미에서 요청을 하고 그것을 두자는 것이올시다.

노동자의 사회보험[59]: 조봉암 의원의 수정안 지지 조봉암 의원은 "김동준 의

---

57 헌법안 제1독회(1948.6.26. 제18차 회의)에서 이항발 의원은 제19조의 내용에 대하여 "근로능력을 상실하지 아니하고 이미 일할 수 있는 사람들로서 실업한 사람들에게 대해서는 어떠한 대책을 취하는지, 이것으로 보면 이 조문은 불가하다"고 질의한 데 대하여, 유진오 전문위원은 다음과 같이 답변하였다. "근로의 권리가 있다고 할 것 같으면 근로능력이 있는 사람 그런데 일시 직장이 없는 사람에게 국가가 직장을 제공할 의무가 있느냐 없느냐 하는 그 말씀으로 생각하는데 헌법상 국가는 그러한 의무를 지게 됩니다. 그러나 그 의미를 구체적으로 실행하기 위해서는 불가불 법률로써 가령 실업보험제도라든가 기타에 입법이 되지 아니하면 그것이 구체화하기는 어려울 줄 생각합니다." 헌법제정회의록, 144-145면.

58 헌법제정회의록, 528면.

원께서 수정안을 제출하신 데 의할 것 같으면 노동자가 공장에서 일을 하다가 부상을 당한다든지 병이 급히 생긴다든지 이런 경우에는 어떻게 하느냐 그런 문제는…… 노동자의 사회보험에 관한 문제"인 것을 지적하고 "시방 전진한 의원께서 설명하신 가운데 노동자가 실업뿐만 아니라 직무 중에 있어서 부상을 당한다든지 병이 생긴다든지 하는 경우에 거기에 대해서 보장을 해주어야 되겠다, 그런 의사올시다"라고 수정안을 보완 지지하는 주장을 하였다.[60]

② 원안의 가결

김옥주(金沃周, 1915) 의원(광양, 무소속, 일본 와세다대학 법과 졸업, 진상초등학교 교사)이 "수정안의 말씀입니다만 실업에 대해서 생활유지 못할 때에 설명하는데 원안에……'질병 기타 근로능력의 상실로 인하여' 이렇게 되어 있기 …… 때문에 원안에도 지금 말씀한 그 실업에 대해서 생활유지 못한다는 그 의미가 포함되어" 있으므로 원안대로 통과할 것을 주장한 결과, 거수방식으로 원안이 만장일치 가결되었다.[61]

---

59 제헌의회의 이러한 '노동자의 사회보험'제도에 대한 논의가 계기로 되어 제헌헌법이 공포된 후에도 노동법 제정에 노동보험제도가 규정되어야 할 것이라는 주장이 등장하였다. 유기태 대한노총부위원장은 "노폐·질병·재해·실업 즉 총체적인 4종의 사회보험원칙조항을 노동법에 열거 규정하여 노동자의 생활복리의 유지개선과 그 이익을 보장하는 법적 성격을 구비할 것이며 노동문제의 중요한 난점을 해결할 것"이고 "그 이후는 사회보험법의 단행법이 의당히 제정되어야 할 것"이라고 강조하였다. 유기태, 「노동법 제정의 장래를 앞두고」, 『법정』, 제27호(1949.1), 43면.

60 헌법제정회의록, 528면.

61 헌법제정회의록, 529면.

4 소결

노동기본권에 관한 제헌의회의 심의는 헌법 원안에 없던 근로자의 이익균점권이 제18조 2항에 새로이 추가보장된 것 이외에는 결과적으로 원안이 그대로 확정된 셈이었다. 비록 그 보장이 좌절되었지만 헌법 원안에 규정되지 않았던 근로자의 기업운영참가권은 이익균점권과 더불어 헌법제정심의의 '태풍의 눈'인 최대의 쟁점으로 부상되어 그 찬반의 격렬한 토론을 불러일으킨 점이 주목된다.

특히 두드러진 특징으로는 제헌의회의 심의 과정에서 나타난 노동기본권 전반에 걸친 전진한 의원과 조봉암 의원의 전문가적인 탁견과 그 실현을 위한 적극적이고 체계적인 발언내용을 꼽을 수 있다. 근로자의 이익균점권과 기업운영참가권 보장에 대한 수정안은 문시환 의원, 조병한 의원이 각각 제출하였으나 실질적으로는 전진한 의원이 근로대중의 절실한 욕구를 대변한 이른바 '노농(勞農) 8개 조항'안을 제출함으로써 그 보장의 주도적인 역할을 하였다. 기업운영참가권 보장 등에 관한 전진한 의원의 주장은 노동과 자본의 통일을 확보함으로써 궁극적으로는 남북통일의 민족적·사상적 근거를 마련하는 데에 그 기본정신이 있었던 것으로 풀이할 수 있다. 뿐만 아니라 전진한 의원은 근로3권 심의 과정에서 일찍이 단체교섭권의 한계 인식을 통하여 파업권이 보장되는 단체행동의 자유를 확인하였고, 나아가 실업자 보호를 위한 실업보험제도의 창설을 도모한 것도 괄목할 사회법적 인식이라고 생각된다. 조봉암 의원은 전진한 의원이 주장한 실업보험뿐만 아니라 근로자의 재해보상까지 포함하는 '사회보험제도' 즉 현대적 노동보험제도의 의미를 명확히 제시한 점이 돋보인다. 또한 조봉암 의원은 마지막 헌법안 제3독회에서 '각 조항의 헌법정신'을 중요하게 생각해 이를 기록에 남길 것을 이례적으로 강조하였다. 즉 그는 제18조의 '파업권' 보장과 제19조의 '사회보장법' 성격에서 비롯된 노동보험 보장은 바로 각각 이 조항의 헌법정신이라고 다짐하여 그 기록을 남긴 점에서 근로대중을 위한 헌법 해석의 이정표를 세운 전문 파수꾼으로 평가될 수 있으리라고 본다. 이와는 달리 사회를 보던 이승만 국회의장이 공산당 선동을 이유로 근로자의 기업운영참가권과 파업권 보장에 간접적으로 반대의 주장을 표명한 것과는 퍽이나 대조적이라 아니 할 수 없다.

제헌의회의 헌법안 심의에서 노동기본권 특히 근로자의 이익균점권과 기업운영참가권 보장 문제가 최대의 쟁점으로 부상한 배경에는 헌법정신의 방향, 즉 정치적으로는 건국의 국가목표와 경제적으로는 적산의 운영처리를 둘러싼 한민당 계열 의원들과 이에 반대하는 무소속 계열 중심 의원들 간에 헌법관(憲法觀)의 차이가 있었던 것으로 생각된다. 이러한 맥락에서 볼 때 서상일 의원(헌법기초위원회 위원장)과 지청천 의원이 내세운 '민족사회주의 국가' 지향의 헌법정신, 전진한 의원이 주장한 '노동과 자본 통일'의 헌법정신에 공감하는 다수의 무소속 중심 의원들은 이익균점권 보장을 남북통일의 과제를 달성하기 위한 하나의 이념적 노둣돌로 고정하려고 했던 것으로 여겨진다. 비록 근로자의 기업운영참가권은 보장되지 않았지만 제헌의회의 이익균점권 등 노동기본권에 관한 보장은 경제조항과 더불어 전진한 의원의 말처럼 제헌헌법이 '진정한 사회민주주의' 실현을 그 기본방향으로 삼은 것이라고 생각된다.

3장

노동조합법 제정

3장에서는 먼저 노동조합법의 제정경위와 입법정신(제1절)을 살피고 나서, 노동조합의 자주성 확보를 위한 전진한의 수정안 가결사항(제2절)을 고찰한 뒤에, 행정관청의 강력한 개입을 골자로 한 사회보건위원회의 원안 가결사항(제3절)을 검토하기로 한다.

1 제정경위와 입법정신

1) 제정경위

(1) 법안의 상정경위

1948년 헌법에 보장된 근로3권을 구체적으로 실현하기 위하여 정부(사회부 노동국)는 노동조합법 초안을 마련하여 1949년 6월 법제처에 회부하였으나[1] 법제처 심의와 국무회의 의결을 거쳐 국회에 상정되어야 했지만 한국전쟁으로 중단되고 말았다.

전쟁 중인 부산의 임시수도에서 1951.4.29. 대한노총 출신의 조광섭(趙光燮, 1901) 의원(영등포 갑, 대한노총, 만주대학 정경학과 졸업, 대한노총 영등포위원장), 임기봉(林基奉, 1903) 의원(목포, 대한노총, 평양신학교와 일본 도시샤대학 졸업, 대한노총중앙본부 부위원장) 외 93인의 노동조합법안(이하 '조광섭·임기봉안'이라 한다)이 국회에 제출되었고, 1951.6.8. 사회부 노동국의 노동조합법안(이하 '정부안'이라 한다)이 국회에 제출되었으며, 1951.11.4. 국회 사회보건위원장의 노동조합법안이 제출되었으나 1952.11.4. 제14회 국회 본회의에서 조광섭·임기봉안과 정부안을 각각 폐기하고 이 양자를 절충한 사회보건위원회의 단일대안을 상정하

---

* 이 장에 실린 글은 『서울대학교 법학』, 제46권 제2호(2005)에 실린 「노동조합법제정사의 법사회학적 조명: 그 제정배경과 전진한의 역할 및 법인식의 탐조」를 수정, 보완한 것이다.

1 동아일보는 "역사적 노동법 — 성안 근로조건의 개선지향 사회부기초 법제처회부"라는 제목으로 1949년 6월 3일 이를 보도하였다. 이에 앞서 동아일보는 "근로대중이익옹호 노동조합 이익균점법 등 불원제정"이라는 제목으로 1949년 1월 28일 2면 머리기사로 이를 보도하였다.

기로 의결하였다.[2]

조광섭·임기봉안은 "근로자의 노동권과 인권옹호 또는 생활권을 보호함으로써 근로자의 지위 향상을 도모하고 노자관계의 안전을 촉진하여 산업진흥에 이바지할 수 있도록 하기 위한 것"을 그 제안이유로 내세웠다. 이 안은 제2조 '조합운동의 자유'에서 "노동조합운동의 자유는 존중·보장하여야 하며 탄압·구속·방해하는 일체의 법령은 적용할 수 없도록 한다"고 규정함으로써 근로자 권익의 옹호를 위한 조합자율성을 특히 강조한 점이 두드러진 특징이었다. 이에 비해 정부안은 "근로자의 단결권과 고용자와의 단체교섭권을 보호·조장함으로써 근로자의 지위 향상을 도모하고 노자관계의 안전을 촉진하여 산업의 진흥을 기도하기 위하여 이를 제안하는 것"임을 그 이유로 제시하였다. 이 안은 노동조합의 결격요건(제3조), 행정관청에 의한 노동조합의 해산명령(제29조), 단체협약의 직장단위체결(제37조) 등을 규정함으로써 노동조합의 관리통제에 중점을 둔 점이 그 특징이었다.[3] 사회보건위원장안은 "자본주의경제체제 하에서 필연적으로 생성하는 노동조합을 보호·육성함은 우리의 헌법뿐만 아니라 민주주의의 기본문제이다. …… 본 법안을 상정함으로써 근로대중에게 최저생활을 확보케 하고 경제적·사회적 지위를 향상시키는 동시에 그 노동행위가 개인과 사회와 국가의 공통적인 이익에 부합되도록 지도·육성하여 전력증강과 생산의욕을 고취하고 노사협조정신을 앙양하는 것"을 그 제안 이유로 내세웠다. 이 안은 노동조합의 자세한 결격요건(제3조), 행

2 국회사무처, 『대한민국 법률안연혁집』(1992), 3070면.

3 국회사무처, 『대한민국 법률안연혁집』, 3072–3074면. 그러나 조광섭·임기봉안(국회사무처 의안과, 의안문서 제8권, 76–84면)의 성격과 내용을 참고할 때, 이 법률안연혁집은 조광섭·임기봉안과 정부안의 내용을 서로 뒤바꾸어 수록한 오류가 있는 것 같아 필자의 판단에 따라 그 내용을 바로 잡아 소개하였다.

정관청의 노동조합 개입간섭(제21조) 등을 규정[4]함으로써 노동조합의 자율성을 오히려 저해하는 측면이 있는 점이 특징이었다. 그러나 위의 세 법안의 특징에 대하여 김용우 사회보건위원장 대리는 국회 본회의 제안 설명에서 조광섭·임기봉안은 노조자율 방임적 성격이 강하고, 정부안은 노동관리 측면이 강하며, 사회보건분과위원회 대안은 양자를 절충한 노동보호정책 측면이 두드러진다고 평가하였다.[5]

(2) 전진한의 '노동관계법안상정에 관한 긴급동의안' 제출

1952년 11월 9일, 10일의 불법대회인 대한노총전국대의원대회에서 이승만 정권에 의하여 부당하게 노총위원장 자리에서 제거된 전진한 의원은[6] 이에 굴하지 않고 전체 근로자의 진정한 권익을 옹호하기 위한 노동관계법의 우선제정을 위하여 국회에서 합법투쟁을 전개하기로 하였다. 전진한 의원 외 32인은 노동관계법안(노동조합법안·노동위원회법안·노동조정법안)을 1952년 제1회 추가경정예산안 심의가 종료된 직후 우선상정할 것을 요구하는 '노동관계법안상정에 관한 긴급동의안'을 1952.11.25. 제29차 국회 본회의에서 제출하여, 거수표결로 재석105인 중 가 73표, 부 한 표도 없이 그 동의안이 가결되었다. 당시

---

4 국회사무처 의안과, 의안문서 제8권, 104－111면.

5 국회속기록 제15회 제7호, 4면 상단－중단.

6 전진한의 증언을 직접 들어보기로 한다. "대한노총 발족 당시에는 공산분자 타도의 전위임무를 수행했으므로 자본가 기업가들이 이를 절대 환영했었는데 우리정부 수립 후 좌익분자가 점차 표면에서 자취를 감추자 자본가 기업가들은 노총을 도리어 귀찮은 존재로 여겨 노동자의 정당한 요구도 이를 도리어 빨갱이로 몰고 경찰 심지어는 군대의 힘을 빌려 노동자를 괴롭히기 시작하였다. 나는 이 반동적 자본공세에 대하여 일대 반격을 준비하던 차 6. 25 사변이 돌발하였다. 그 후 나는 부산에서 조방파업을 일으켰고 마침내 나는 불법하게 노동운동에서 추방당하고 말았다." 전진한, 『이렇게 싸웠다』, 307－308면.

의 절박한 상황에서 긴급동의안을 제출한 심경을 전진한 의원을 통해 직접 들어보기로 한다.[7]

> 노동자는 오늘날 배를 충분히 부르게 해달라고 할 수는 없지만 적어도 '숨'은 쉬어야 되겠습니다. 그들도 이 나라 대한민국 국민으로서 가진 인권의 옹호를 받아야 되겠고 헌법에 보장된 단체교섭권이라든지 단체행동의 자유라든지 모든 그네들의 조직적·단체적인 운동의 자유를 가져야 되겠습니다. ……
>
> 해방된 오늘날 우리 노동자의 실지생활을 돌아볼 때에 물론 형식적으로는 자유가 있는 듯하지만 실질에 들어가서는 강권주의 억압 밑에서 다다를 길은 노예가 될 자유밖에 가지지 않았다는 것은 우리는 잘 알고 있습니다. 이 노동법안 문제는 우리가 대한민국이 건립한 이래 헌법에 작정된 노동자의 모든 권익옹호의 원칙을 구체적으로 법률화하려고 제헌국회 때부터 노력해 왔습니다. 그러나 회기마다 그 시기를 놓치고 오늘날까지 아직 구체적으로 이 법률이 제정되지 못해서 노동자는 지금 물에 빠진 사람같이 '지푸라기' 하나라도 거머쥐고 일어나려고 애를 쓰고 있습니다. 그리고 이 노동자에 관한 법안이 비록 통과된다 하더라도 오늘날 형편에 있어서 그 법률이 진실로 노동자를 위해서 운영될까 하는 것은 노동자 자신도 의심하고 있습니다만 그러나 우리는 우리의 권리를 위해서 투쟁할 수 있는 법적 근거를 가져야겠습니다. …… 만약에 노동자에 대해서 이와 같은 법적 근거를 주지 않으면 차차 노동자는 이 정부와 이 국가로부터 이탈해서 앞으로 국가장래에 중대한 위기를 양성(釀成)하리라는 것을 저는 우려하는 바입니다.

---

7 국회속기록 제14회 제29호, 3면 중단－4면 중단.

(3) 전진한의 '수정안'과 '사회보건위원회안(원안)'의 대결쟁점

국회 본회의에서 우선 심의하기로 한 사회보건위원회안(이하 '원안'이라 한다)이 노동조합의 자유 활동에 대한 억압적 요소가 많다고 판단한 전진한 의원 외 65인은 행정관청의 부당한 개입간섭 조항을 삭제하는 것을 주된 내용으로 한 수정안을 1953.1.14. 국회에 제출하였다.[8] 결국 노동조합법 제정을 위한 국회심의는 '원안'과 '수정안'의 대결국면으로 압축되었다.

원안은 김용우 의원의 지적처럼 전체 공익과의 조화 속에서 노동보호정책을 기본방향으로 삼는다고 표방하였지만, 실제로 노동조합의 자율성을 저해하는 행정관청의 부당한 개입조항이 많은 데 비하여, 수정안은 조합자치주의를 강조하여 조합 활동에 대한 행정관청의 개입을 배제하고 특히 단결활동의 자유뿐만 아니라 단체행동자유권을 노동조합법에서 보장하려는 데 그 특징이 있었다.

따라서 그 구성과 체계에 있어서 원안은 총칙, 노동조합, 단체협약, 벌칙의 4개장으로 구성되고 있는 데 비하여, 수정안은 총칙에서 단체행동자유권 보장을 노동조합의 목적으로 분명히 제시함과 동시에 제4장에 단체행동의 자유를 신설함으로써 목적과 체계의 일관성을 유지하려는 점이 구별되는 특색이었다. 그러므로 심의에 있어서 양 법안의 대결의 초점사항은 노동조합의 결격요건과 조합자율성을 규제하는 법조항을 비롯하여 구성체계까지 포함될 수밖에 없는 상황이었다.

8 그 '수정안'의 내용은 국회속기록 제15회 제10호, 15면 중단-16면 상단 참조.

2) 입법정신

조방쟁의 등 당시의 노동현실[9]은 헌법상 보장된 근로3권을 자유롭게 행사할 수 있는 법적 근거의 필요성과 전쟁의 효과적 수행과 대외협조와 지지를 얻기 위한 현실적 필요성으로 노동조합법의 제정을 절실히 요구하게 되었다. 그러나 노동조합법 제정의 목적에 대하여 노동계를 대변하는 전진한 의원과 그 지지세력은 노동운동의 법적 근거의 확보에 더욱 중점을 두는 데 비하여, 정부와 사회보건위원회는 대내적으로는 노동보호와 전력 증강 그리고 대외적으로는 자유우방의 협조 지지에 더 비중을 두는 차이를 보였다.

(1) 전진한 의원의 입법목적

전진한 의원의 다음 발언을 통하여 노동조합법 제정의 구체적 입법목적의 중요성이 노동운동의 법적 근거의 확보에 있음을 확인할 수 있다.[10]

> 최근에 와서 조방쟁의를 통해서 노동자가 얼마나 학대를 받고 얼마나 부당한 박해를 받고 있는가를 잘 아실 것이고 또 최근에 소위 대한노총대회 운운하는 여러 가지 모순된 불합리하고도 불법적인 모든 현실을 통해서 여러분은 노동자의 고충을 잘 아실 것입니다. 오늘날 현대에 있어서 적어도 문화의 국민으로서는 그 나라의 모든 진보를 척도하는 그 근거는 이때까지 억압당하고 압박

---

9 조방쟁의 등 일련의 쟁의는 "정부당국과 국회의원들로 하여금 노동문제의 중요성과 노동관계 입법의 긴요성을 인식시키기에 충분한 사건들이었다." 김낙중, 『한국노동운동사: 해방후편』, 170면.

10 국회속기록 제14회 제29호, 3면 하단－4면 상단.

착취당하는 노동자가 얼마만한 자유와 또 그네들이 얼마만한 권리를 가졌느냐 하는 이것이 그 문명국가의 척도가 되고 있습니다. 연전에 제가 외국에 갔을 때도 한국 노동자의 노동법 안을 내라고 할 때에 못 냈습니다. 대단히 부끄러웠어요. 금반에도 부두에서 쟁의가 났을 때에 동경의 '크라－크'사령부에서 온 '앤튼'이란 분을 만났을 때에 노동법을 내놓아라 그래야만 우리가 부두 문제를 합법적으로 해결해주지 너의 자신이 법안이 없는데 우리가 무엇을 가지고 노동 문제를 해결할 수 있느냐 이럴 때에 저는 등 뒤에서 땀이 났습니다. 이것은 노동자가 일상생활 하는 데 있어서 법적으로 보호받을 근거가 없기 때문에 지금 그네들은 어떻게 할지 모르고 헤매고 있습니다. 그래서 노동관계법 안이 하루바삐 통과될 것을 아주 일각이 여삼추같이 기다리고 있습니다.

(2) 사회보건위원회와 정부의 입법목적

사회보건위원장대리 김용우(金用雨, 1912) 의원(서대문 갑, 무소속, 미국 남가주대대학원 수물과 수료, 주택영단이사장)은 "노동자를 보호하는 동시에 사회와 국가의 공통적인 이익을 도모하므로 말미암아서 노동자의 생활수준을 향상시키자는 것이 노동조합법의 입법정신"이라고 하면서 "일선에 있는 군인에 협조할 수 있는 후방의 6, 7명의 노동자의 움직임을 전력증강에 돕게 되기를 기대하면서 동시에 또한 금번 전쟁을 승리에 이끄는 데 이 법이 조그만치라도 도움이 될 것을 희망한다"고 그 입법정신을 피력하고 있다.[11]

---

11 국회속기록 제15회 제1호, 14면 중단－15면 상단; 장건상(張建相, 1883) 의원(부산 을, 무소속, 미국 인디애나주립대학 법과 졸업, 조선인민당 부당수)은 우리나라가 신생국가인 현실을 고려하여 "내 자신을 말하면 완전히 노동자의 이익을 위하여 무슨 투쟁이든지 강력하게 했으면 하는 것이 절대적으로 나의 소원입니다. 하지만 우리나라 국가의 현사회의 실태에 참조해서 그렇게 간다면 오직 분규만 많았지 실로 노동자의 이익이 얼마나 돌아오는가 하는 것을 우려하는 터입니다. 지금 언론자유 무슨 집회 투쟁 무엇

김용택 사회부차관은 노동조합법의 입법목적은 "우리 근로대중에게 최저생활을 확보하고 노동조건 향상으로서 전력증강과 생산의욕을 고취하는 동시에 노자협조정신을 앙양"하고 또 대외적으로 "전쟁을 수행하는 우리나라로서 국회와 정부가 일치단결해 가지고 민권을 옹호하는 정신, 민주주의 정신을 실천으로 옮기려고 하는 것을 애쓴다고 하는 것이 표시될 때" 세계 민주우방의 협조정신이 더욱 고양되는 데 있는 것이라고 밝혔다.[12]

2 전진한의 '수정안' 가결사항

1) 노동조합의 근본목적 수정: '단체행동의 자유보장'과 '경제적' 지위 향상 추가

원안이 노동조합법의 목적조항인 제1조에서 근로자의 단결권과 단체교섭권의 보장과 그 사회적 지위 향상만을 규정한 데 대하여, 수정안은 노동조합의 근본목적이 단체행동의 자유보장에 있고 경제적 문제의 해결에 있음을 분명히 하기 위하여 이를 추가·규정할 것을 주장하여 수정안이 가결되었다.[13] 장홍염(張洪琰, 1910) 의원(무안 을, 민주국민

이 법률상으로 보장되어 있지만서도 사실상은 보장되어 있지 못하는 것이 오늘날 현실입니다"라고 지적하면서 문제는 노동운동 지도자에 달려 있다는 점을 들어 "부정당한 지도자가 노동의 운동을 빙자해서 정치적으로 이용하면서 그것을 악이용하는 데서 이런 폐단이 생기는 것"이라고 밝혀 사회보건위원회안을 찬성하였다. 국회속기록 제15회 제7호, 8면 중단-9면 상단.

12 국회속기록 제15회 제3호, 7면 상단.

13 전진한 의원은 "노동조합법에 있어서 노동조합의 근본목적인 단체행동의 자유"를 보장하는 규정을 두어야 한다고 주장하고 나아가 "특히 노동조합운동은 경제적 문제가 주로

당, 중국 북경대학 경제과 3년 수료, 제헌국회의원)은 "노동조합이 진정한 의미의 운영과 노동자의 복리증진을 위해서 참으로 노동조합법을 제정하려고 하면 단체교섭권보다도 오히려 단체행동의 자유를 보장해야만 모든 것이 잘 되어 나갈줄 압니다"라고 수정안을 지지하였다.[14]

2) 노동조합의 자주성 확보를 위한 수정

(1) 결격요건 삭제: '주로 정치운동 또는 사회운동을 목적으로 하는 경우'

노동조합의 결격요건을 규정한 원안의 제3조 4호인 '노동조합이 주로 정치운동 또는 사회운동을 목적으로 하는 경우'의 조항에 대하여, 수정안은 그 문구 중 '주로'라는 것이 극히 애매하므로 권력계급이나 자본계급이 언제든지 근로자의 노동조합 설립을 억압하기 위해 악용할 소지가 있기 때문에 노동조합의 자주성 확보를 위하여 이를 삭제할 것을 주장하였는바 수정안이 가결되었다.[15]

되어 있기 때문에 여기 명확하게 이것을 경제적, 사회적이라고 함으로써 노동조합운동의 목적을 분명히 드러낼 수 있는 것"이라고 발언하였다. 국회속기록 제15회 제9호, 2면 상단－중단.

14 국회속기록 제15회 제9호, 5면 상단; 임기봉 의원과 이진수 의원도 같은 취지로 수정안 찬성발언을 하였다. 국회속기록 제15호 제9호, 7면 상단－하단.

15 전진한 의원은 노동조합이 정치활동만을 하는 것은 아니지만 정치활동과 불가분의 관계에 있음을 다음과 같이 밝혔다. "노동조합이 정치운동만 하겠다는 것이 아닙니다. 가령 노동쟁의를 하다가 필연적으로 그것이 정치문제에 봉착할 수도 있고 또는 노동조합의 입법문제도 있고 여러 가지 정치문제가 나오니까 필요할 때에 그것을 한다 이것입니다." 국회속기록 제15회 제9호, 19면 중단; 정남국 의원은 "어떻게 해서 일반노동에 있어 가장 즐거운 능률을 낼 것인가. 노동자가 자기 사회운동이나 정치운동 자기의 하고 싶은 것을 활발하게 진전되어 마음껏 산업에 종사케 하는 것입니다. 그러므로 이 법안은 제2 '인터내쇼날'과 합류될 만한 법안이 되어야 할 것입니다. 지금 자유진영에 있어서 전 세계의 자유노동연맹이 활동하는 범위에서 보조를 같이할만한 법안이 없어서는 우리들은 후퇴할 국민이 되고 말 것입니다. 그러므로 해서 저는 더욱이 거기다가 사회성과 정치적인 관계를 너무 엄격한 제한을 주면 못쓰겠다는 것을 말하고" 싶다고 하였

(2) 결격요건 수정: 경비지출에 있어서 '주로' 사용자의 원조를 받는 경우

노동조합의 결격요건을 규정한 원안의 제3조 2호인 "노동조합이 경비지출에 이어서 사용자의 원조를 받는 경우. 단 대통령령으로 정하는 경우에는 이를 예외로 한다"의 조항에 대하여, 수정안은 "이 2호를 전부 삭제해버리면 기업가의 앞잡이 노동조합이 될는지 모르기 때문에 그 '주로'라는 점을 넣어서 절충"을 하였는바 수정안이 가결되었다. 이 수정안의 절충논거에 대하여 전진한 의원은 우리나라 노동운동은 아직 발전단계에 있으므로 기업가 측이 사무소 제공 등 호의를 베푸는 것은 "어떠한 이용을 당한다는 것보다도 노자협조의 정신에서 서로 도와가는 방법"이란 점을 제시하였다.[16]

3 사회보건위원회 '원안'의 가결사항

1) 노동조합총회의 규제

총회의 개최시기와 의장에 관한 사항(제16조), 총회의 필요적 결의사항(제17조)의 삭제를 주장하는 수정안지지 측은 이들 조항은 노동조합

다. 국회속기록 제15회 제7호, 11면 중단-12면 상단; 장홍염 의원은 "법률의 제한이라는 것은 공평하게 적용되어야 할 것인데 현실에 우리나라에서는 제한은 약자에게만 적용되는 것이요 강자에게는 이 제한이 적용되지 않고 있습니다. 지나간 6월 정치파동을 대고 얘기합니다만 그때에도 아마 강자가 이용했기 때문에 강자의 이용물이 되었을 것입니다. 강자가 이용한다면 약자도 한번 이용해 봅시다. 이 제한은 두나 안 두나 강자는 언제든지 이용할 수 있는 것이에요. 그러니까 약자도 한번 이용해 보자는 말이에요"라고 주장하였다. 국회속기록 제15회 제9호, 16면 중단; 조광섭 의원도 같은 취지의 발언을 하였다. 국회속기록 제15회 제7호, 9면 중단-10면 상단.

16 국회속기록 제15회 제9호, 10면 중단-하단.

의 규약이나 통상예규에 따를 문제인데 법이 간섭을 하면 노동조합을 행정관청에 예속시키는 결과를 초래한다는 논거[17]를 제시하였고, 원안지지 측은 조합대표자의 독주를 견제하여 조합원 전체의 의사를 반영할 필요성[18]을 강조하였다. 특히 제17조에 대하여는 제정 과정에서 가장 많은 시간 동안 양측 간에 격렬하게 토론을 전개하였다.[19]

---

17 전진한 의원은 "노동자의 자유단결행동에 대해서 필요 없는 간섭을 해가지고 모두 이것이 앞으로 관권이 노동조합운동에 방해할 수 있는 요소를 많이 만들어놓게 됩니다. …… 법률을 만들기에는 이것을 가지고 노동조합을 탄압하려면 탄압할 수가 있고 해산하려면 할 수가 있어요. 그러니 이것을 만드는 것이 나쁘다는 것보다도 이것을 왜 번잡하게 그 단체대표들이 하는 일을 여기에 일일이 무엇해서 한 가지만 빠지면 그 대회는 무효다 난리를 꾸미죠. 이것은 무슨 의미인지 모르어요"라고 그 삭제를 주장하였다. 국회속기록 제15회 제11호, 1면 하단-3면 중단. 당시 사회를 보던 조봉암 국회부의장도 "단체협약을 체결할 때마다 총회를 열지 않으면 안 될 애로가 실질 면에 나타나고 있는 것"을 지적하고 "단체협약조항 이외의 것은 어느 회의에서나 사회단체나 자치단체에서 통상례로 되어 있는 것입니다. 여기에 위반한 노동자나 노동조합은 없을 것입니다. 그런 까닭에 특히 단체협약 문제와 같은 것은 여기에서 당연히 삭제해야 합니다. 그런 나열된 조항도 통상례로서 사회단체에서 능히 보충할 수 있는 것으로 법으로 구속을 받으면 총회 전에 아무 일도 못하게 되는 이런 현상이 나타나는 것을 충분히 고려해 주시기 바랍니다"라고 삭제를 주장하는 이례적 발언을 하였다. 국회속기록 제15회 제11호, 6면 중단-7면 상단. 조경규(趙瓊奎, 1904) 의원(대구 갑, 무소속, 세브란스의학전문학교 졸업, 대구민보 사장)은 "그 조합 자체가 어떠한 규약에서 육성해 나가는 것을 갖다가 관에서 모든 점을 '콘트롤'하는 그런 방향으로 나가고 있습니다. 만일 그렇다고 하면 차라리 모든 조합은 관에 예속되는 직속한 한 단체"에 지나지 않게 될 것이라고 하여 그 삭제를 주장하였다. 국회속기록 제15회 제11호, 7면 하단.

18 사회보건위원장대리인 김용우 의원은 "조합원들의 주권에 속하는 사항은 총회의 결의를 얻도록 이것을 만든 것입니다. …… 적어도 이 조항의 서 있는 각도(角度)에 대한 사항을 조합원 전체의 의사에 의해서 결정되지 않으면 안 된다 하는 의사를 가지고 위원회에서는 이 조항을 설치하게 된 것입니다. …… 가까운 일본의 노동조합법을 참작하고 보더라도 여기에 대해서 총회에서 적어도 이러한 사항을 취급해야 한다 하는 것이 규정되어 있습니다"라고 주장하였다. 국회속기록 제15회 제11호, 4면 상단-중단. 오의관(吳誼寬, 1906) 의원(옹진 을, 무소속, 수산중학교 졸업, 어업조합연합회기사)은 "국민 전체를 통제하는 정부나 국가로서는 이런 것은 적어도 총회에서 결정해야 된다는 국가적 견지에서 …… 제시할 수 있고 감독할 수 있는 것입니다"라는 주장을 폈다. 국회속기록 제15호 제11호, 6면 중단.

19 유승준(俞昇濬, 1910) 의원(홍성, 무소속, 중앙고등보통학교 졸업, 문교부 교도과장)의 다음과 같은 의사진행 발언을 통하여 이 사실을 알 수 있다. "이 법안에 있어서 제1독회

2) 행정관청의 강력한 개입과 감독권한 강화

(1) 노동조합의 규약과 결의의 규제

노동조합규약(제13조), 노동조합의 결의(제19조)가 법령에 위반하거나 공익을 해할 경우에는 행정관청은 노동위원회의 의결을 얻어 취소하거나 그 변경을 명할 수 있다는 조항에 대하여 수정안지지 측은 권력에 의한 노동조합 탄압실태[20]를 근거로 이의 삭제를 주장하고, 원안지지 측은 국가이익 및 사회질서유지와 근로자의 복리증진의 조화 그리고 법치국가의 준법정신 등 법의 일반원칙[21]을 근거로 그 삭제에 반대하였다.

(2) 노동조합의 경리 상황 검사

행정관청은 필요하다고 인정하는 경우에는 노동조합의 경리 상황 기타 장부서류를 검사할 수 있다(제28조)는 조항에 대하여 토론 없이 표

대체토론 질의응답에 소비되었던 그 시간 이상 이 17조에 대한 토론이 길어졌습니다. 그러니만큼 이 조문에 대한 의사진행이라는 것을 양해해 주시기 바랍니다. 여기 와서 그 삭제를 주장하시는 분 또 원안을 주장하시는 분의 열렬한 그 심정은 우리가 다 압니다. 또한 그 열렬한 심경만 아는 것이 아니라 우리도 여기에 대한 이해를 충분히 하고 있습니다. 그런 만큼 토론 종결을 결의하는 바입니다." 국회속기록 제15회 제11호, 9면 상단–중단.

20 이진수(李鎭洙, 1900) 의원(양주 을, 대한국민당, 니혼대학 경제과 졸업, 조선변리사회장)은 "자기자치단체로서 협정된 헌장을 …… 지켜나가는 데도 불구하고 왕왕 최근 실례를 든다고 할 것 같으면 통일대회 후에 일어난 사태로 압력을 가하고 심지어 폭행을 감행하고 어느 권력에 추종한다고 하는 이런 악법이 제정된다고 하면 본 노동조합법은 공문에 불과한 것입니다"라고 당시의 실정을 근거로 그 삭제를 주장하는 수정안에 찬성하였다. 국회속기록 제15회 제10호, 14면 상단.

21 백남식(白南軾, 1901) 의원(상주 을, 국민회, 중학교 졸업, 금융조합장)과 강경옥(康慶玉, 1907) 의원(남제주, 무소속, 일본 리쓰메이칸대학 법학부 졸업, 조선타이어공업주식회사 사장)의 삭제반대 근거다. 국회속기록 제15회 제10호, 14면 상단.

결에 붙이자, 수정안지지 측인 임기봉 의원은 "사실에 들어가서 재주 좋은 기업주들은 여러 가지로 국에 가서 모사를 잘해 가지고 아무 근거도 없는데 이것이 노동자를 탄압하고 억압하는 데 그 이용 자료로 마치 쓰기 좋게 된 구절이올시다"[22]라고 삭제를 주장하였다.[23]

(3) 행정관청의 노동조합 해산명령

제30조는 행정관청은 ① 노동조합이 법령위반 또는 공익을 해할 경우 노동위원회의 결의를 얻어 해산을 명할 수 있고, ② 정당한 이유 없이 정기총회를 개하지 않는 노동조합의 해산을 명할 수 있으며, ③ 해산 대신에 노동조합의 임원 개선을 명령할 수 있는 것을 내용으로 하고 있다. 수정안지지 측[24]은 이 조항은 노동운동에 대한 행정관청의 강력한 억제로 보아 이의 삭제를 주장하고, 원안지지 측[25]은 부패세력으로

---

22 국회속기록 제15회 제11호, 17면 중단.

23 임기봉 의원은 "전진한 의원께서 이것을 삭제하자는 이유를 잠깐 말씀드리겠습니다. 먼저 부통령선거 때에 아무 이유근거도 없는데 노총서류를 모두 압수해 버렸습니다. 그렇기 때문에 부통령선거운동에 일대 지장을 일으켜서 아마 낙선된 것 같습니다. 그렇기 때문에 전진한 의원께서 이것을 삭제하자는 데 일리가 있는 것이에요"라고 삭제의 배경을 설명하였다. 국회속기록 제15회 제11호, 17면 중단.

24 조봉암 의원은 제30조는 "노동운동에 대한 강력한 억제 즉 무엇을 좀 잘못할 것 같으면 해산한다. 그러면 그것은 사형을 집행하는 것과 마찬가지올시다"라고 하면서 특히 임원 개선의 명령으로 해산을 대신할 수 있다는 부대조항은 "관청이 노동조합을 관청의 임의대로 하려고 하는 동시에 또 해산을 안 시켜도 간부는 내 마음대로 만들어 놓아라 하는 것입니다. 이런 것은 노동조합을 노동조합으로 생각하지 아니하는 그와 같은 입장에서 만든 것으로밖에 생각할 수 없습니다"라고 그 삭제를 주장하였다. 국회속기록 제15회 제12호, 3면 중단.

25 김봉재(金奉才, 1910) 의원(창원 을, 무소속, 독학, 마산해산주식회사 회장)은 "어떠한 부패세력의 침입에 의해 가지고 노동자의 이익이 농단되고 있는 이러한 현실에 있어서 나는 당연히 이러한 법령으로서 진정한 노동자의 이익을 옹호하기 위해서 이런 법적 조치가 필요하다는 것을 말씀드리지 않을 수 없습니다"라고 하면서 "특히 전진한 의원께서는 세계 어느 나라에도 이러한 법률은 없다 이러한 말씀을 했는데 설혹 세계 어느 나라에도 없다 하더라도 세계의 한 나라인 대한민국에 있을 수 있는 일이면 나는 있을

부터 진정한 노동자의 이익을 옹호하기 위해서는 이러한 법적 조치가 필요하다고 그 삭제를 반대하였다.

3) 공무원의 노동운동제한

공무원법 제37조에 의한 일반 공무원의 노동조합운동 제한에 대하여 수정안지지 측[26]은 외국의 입법례와 공무원의 노동운동 실제 필요성을 논거로 하여 공무원법 제37조를 노동조합의 자유 활동을 규정한 제6조에 적용하지 않는다는 규정을 추가할 것을 주장하였고, 원안지지 측[27]

수 있다 이렇게 생각하는 것입니다"라고 주장하였다. 국회속기록 제15회 제12호, 4면 상단.

26 전진한 의원은 "과거 이 공무원법을 만들 때에 제헌국회 때에 여기에 상당한 논란이 있었고 또 이 공무원이 된 뒤에 실제문제로서 철도라든지 기타 전매국이라든지 실제에 있어서 공무원의 자격으로 일하고 있는 이런 직장에서 상당한 분규가 있었다"는 현실을 직시하여 "세계입법례에 비추어서 공무원 중에 군인이나 경찰관리, 형무관리, 소방관리를 빼고 다른 하급공무원은 실지 어떠한 단체의 소속이라든지 그 권익을 옹호하기 위해서 노동조합을 조직할 수 있다는 이것을 선명히" 할 필요가 있다고 강조하였다. 국회속기록 제15회 제10호, 1면 중단-2면 상단. 또한 그는 "반드시 육체적 노동을 제공하지 않더라도 각처의 하급관리가 노동조합을 조직할 수 있고 심지어 교직원들이 노동조합을 조직해 가지고 오늘날 전 세계적으로 노동운동을 리드하고 있어요"라고 하면서 공무원법 제37조에 의한 공무원의 노동조합 조직의 제한을 없애자는 주장을 하였다. 국회속기록 제15회 제10호, 3면 하단. 임기봉 의원은 "철도에 종사하는 3만여 명의 노무자와 또는 체신부에서 일하고 있는 종업원들과 그 외에 전매청이라든지 기타 관공청의 공무원이라는 명칭 가운데에서 공무원법에 구속되어 가지고 노동을 하면서도 노무자의 행세를 못하는" 것이 일제시대부터 우리나라의 특수한 사정이라고 주장하면서 6. 25 이후 모든 사업기구가 파탄되어 실질적으로 공무원법의 구속을 받고 있는 노무자가 대한민국 근로자의 대다수라는 현실을 근거로 전진한 의원의 의견에 찬성을 하였다. 국회속기록 제15회 제10호, 2면 중단-3면 상단. 신광균 의원도 "전매국이라든지 철도라든지 이러한 공익기업체의 노동운동보호와 사영기관의 노동보호와 이것을 구분해서 법안을 세워야 돼요. 이것을 한테 뭉쳐놓고 본즉 이 법을 운영하는 데 있어서 장래 큰 결함이 있을 줄 생각합니다"라고 지적하였다. 국회속기록 제15회 제4호, 7면 중단.

27 김용우 사회보건위원장대리는 "전진한 의원이 거기에 대한 제한규정을 없애고자 하는 의미가 있으면 공무원법 30조를 개정시키면 이 조합법은 현재 있는 정신으로서 충분히

은 먼저 공무원법 제37조를 개정할 것을 주장하여 이에 반대하였다.

4) '단체행동'을 노동조합법 체계로 구성하는 수정안의 좌절

원안 제4장의 제목을 '단체행동'으로 정하고 "노동조합은 집합, 행렬(行列), 파업, 태업 등 일체의 단체행동의 자유를 확보한다. 단 폭력 또는 파괴행위는 정당시되지 아니한다"라는 조문을 신설하여 단체행동을 노동조합법의 구성체계로 보장하려 한 수정안은 좌절되었다.

이 문제를 두고 수정안지지 측과 원안지지 측은 격렬한 토론을 전개하였는데 대표적인 주장을 들어보면 다음과 같다. 전진한 의원은 단체행동의 자유보장은 노동조합의 근본목적이며 동시에 그 중요한 기능이라고 파악하여 "이 조항을 여기에다가 넣어서 제1조와 서로 조응도 되고 여기에 노동조합의 성격과 동시에 그 기능이 완전히 표현되어서 노동조합법이 완전한 체제가 갖추리라고 생각합니다"라고 주장하였다.[28] 이에 대하여 사회보건위원장대리인 김용우 의원은 "우리

노동조합을 조직할 수 있게 되어 있습니다"라고 주장하였다. 국회속기록 제15회 제10호, 4면 하단.

28 국회속기록 제15회 제12호, 8면 하단-9면 중단. 조광섭 의원은 "최근에도 이 파업문제가 일어나고 있습니다. 기억에 생생할 줄 믿습니다. 부두에서 1차, 2차에 걸쳐 임금투쟁에 의한 파업은 엄연하게 일어나고 있습니다. 또한 노동자단체 자체가 조직을 결성해 놓아 가지고 이것을 살리지 않으면 노동조합의 단결의 필요성까지 느끼지 못할 이런 중대한 국면이올시다"라는 현실적 필요성을 강조하고, 이진수 의원은 "본 모법인 노동조합법의 제1조에 모든 쟁의를 보장했습니다. 법적 자유, 경제적 자유, 사회적 자유, 정치적 자유까지 보장한 이 법에 이 신설로만이 이 모법이 완비한 법안이 되기 때문에 아까 이 신설조항이 가장 필요하다고 본 의원은 보는 것입니다"라고 법체계의 정합성을 강조하여, 각각 수정안을 지지하였다. 국회속기록 제15호 제12호, 9면 중단-10면 하단. 정남국 의원은 "제1조에 이미 행동의 자유를 인정한 이상에는 구체적으로 명문으로 나타나는 것이 있어야 법의 체제가 맞고 사실에 있어서 행동의 자유를 보장한다는 것이 명실상부하게 될 것입니다. …… 이 신설하는 행동의 자유에 대한 구체적 사실이 명문

가 노동조합을 조직한다고 하는 것은 어떤 그 동맹파업이나 태업이나를 목적으로 노동조합을 조직하는 것이 아니라 역시 그 노동자의 움직임이 국가의 이득을 가져오도록 하는 조금 더 크게 목적을 두기 위해서 이 노동조합법에 이런 조항을 넣지 않고 …… 위원회에서도 노동조합이 파업이나 태업을 하지 않는 방향으로 이끄는 입법이 아닌가 하는 오해를 하지 않는가 해서 위원회에서 이것을 더 옹호하게 하고 더 강력하게 추진시키기 위해서 쟁의법을 따로 제정했다고 하는 것을 말씀드립니다"라고 하여 그 신설을 반대하였다.[29]

이 없어서는 이것은 가공적 법안이 될 줄 압니다"라고 주장하고, 또한 이종영 의원은 "우리가 노동자의 행동의 자유를 이미 규정해 놨는데 여기 와서 벌칙만이 있고 이러한 것이 없으면 혼 빠진 감이 있을 뿐만 아니라 …… 시시한 규약 정도의 것을 만들어 놓고 노동조합법이라고 말은 근사하지만 실제로 노동자에게 무슨 이익을 주느냐 그것을 여러분이 살펴야 합니다. 혼까지 빼서는 안 됩니다"라고 하여 다같이 수정안을 지지하였다. 국회속기록 제15회 제12호, 13면 하단-14면 상단. 장홍염 의원도 "노동조합이 진정한 의미의 운영과 노동자의 복리증진을 위해서 참으로 노동조합법을 제정하려고 하면 단체교섭권보다도 오히려 중요한 것이 단체행동의 자유를 보장해야만 모든 것이 잘 되어 나갈 줄 압니다"라고 수정안을 지지하였다. 국회속기록 제15회 제9호, 5면 상단; 임기봉 의원과 이진수 의원 역시 수정안을 찬성하는 발언을 하였다. 국회속기록 제15호 제9호, 7면 상단-하단.

29 국회속기록 제15회 제12호, 10면 상단-중단. 박영출(朴永出, 1909) 의원(의성 갑, 대한국민당, 동경신학대학 졸업, 숭덕교회 목사)은 "만약 이제 전진한 의원의 말씀 그대로 되면 쟁의법과 조합법을 나눈 의의가 없어지는 것이올시다. 우리들은 이 법을 생각할 때에 현재 멸공전쟁을 계속하고 이 전쟁 말기에는 적이 상당히 노동진영을 가지고 전쟁 말기에 어려운 행동을 하려는 것도 생각을 했습니다. ……어떤 나라에는 노동법이 전시에는 다소 제재를 받는 것도 생각해서 ……국가의 중요한 법을 급히 제정하지 않을 수 없으나 여하간 이러한 커다란 전쟁의 장래가 이 법안에 미칠 것을 깊이 우려했기 때문에 다소 이 법이 현재로서는 진선진미한 것이 아닌 것을 여러분이 잘 이해하실 줄 압니다"라고 원안을 지지하였다. 국회속기록 제15회 제12호, 11면 하단. 박철웅(朴哲雄, 1912) 의원(광주, 무소속, 일본 메이지대학 정경학부 졸업, 광주신보 사장, 조선대학교 총장)은 "현재 적을 앞에 두고 있는 이 시기에 있어서 불가피한 사정에 있어서는 모르지만 내부적으로 여러 가지 분열과 혼란을 조절하고 또한 억제하는 것이 결과에 있어서는 정상적으로 생산력을 증강할 이 단계에 있어서 법률을 신중히 고려하여 후일로 미루어야 될 것입니다. …… 한 달에 원금과 이자를 받을 수 있는 방향으로 가서 금 덩어리나 '달러'를 사는 방향으로 자본이 도피하고 사장을 하고 있는 이유는 국제정치정세에

4 소결

근로자의 헌법상 이익균점권 보장이 남북통일을 겨냥한 사회민주주의 실현의 이념적 초석으로서 제1차적 의의를 가진 것으로 볼 수 있다. 그렇다면 노동조합법의 제정은 그러한 목적지향의 한국사회 성격이 동족전쟁과 헌법 유린으로 완전히 굴절된 상황에서나마 근로자의 권익옹호를 위한 법적 교두보로 향후 노동운동의 출발점이 되는 제2차적 의의를 가진 것으로 평가할 수 있다고 본다. 이러한 의미에서 노동조합법의 제정은 단순히 외국의 법제를 모방하여 졸속하게 이루어진 것이 아니라 그 제정의 실질적 기초세력, 제정 과정의 특수성, 제정내용의 상대적 독자성을 면밀히 검토해볼 때 한국의 '주체적인 풍토적 성격'을 반영한 것으로 볼 수 있다.

첫째, 그 제정의 실질적 기초는 근로자의 꾸준한 노동쟁의 사실 자체와 이러한 근로대중의 현실적 요구를 대변하는 대한노총 출신의 의원과 그 지지세력의 역할에 있다고 보아야 할 것이다. 헌법 제정 전후를 통한 경전노조의 파업 및 조선전업의 노동쟁의와 '부산정치파동'과 맞물린 정권투쟁 차원의 조방대쟁의 그리고 부산부두파업과 광산연맹쟁의 등은 '사실의 규범화'를 요구하는 노동조합법 제정의 실질적 기초였다. 더욱이 이승만 정권의 갖은 탄압 속에서도 근로자의 권익을 담보할 법적 근거의 보장을 위해 헌신적으로 고군분투한 전진한 의원과 그 지지세력이 입법운동의 주도적 요인이 되었음은 물

관한 문제도 있지만 또 하나는 우리나라의 앞으로의 사회질서의 불신, 불안입니다"라고 원안을 찬성하였다. 국회속기록 제15회 제12호, 12면 중단－13면 중단.

론이다.

둘째, 그 제정의 전 과정을 살펴볼 때 정부주도보다는 의원주도의 입법을 한 점 특히 대한노총 출신 의원들이 사전에 면밀히 법안을 독창적으로 준비하여 그 주도적 역할을 한 사실을 알 수 있다. 일찍이 1951년 4월 발의된 대한노총 출신의 조광섭·임기봉안은 '근로자의 노동권과 인권옹호와 생활권 보호'를 위하여 노조자율보장을 중심으로 한 진보적인 특수한 내용을 갖추었다. 또한 이를 폐기한 대안으로 제시된 사회보건위원회 원안은 '공익과 노동보호의 조화'를 목적으로 하여 노조자율성 보장이 많이 퇴색하였지만 노총과 상공회의소 등 각계의 의견을 청취하여 마련되었던 것이다. 특히 전진한 의원은 자신이 발의한 노동조합법 등의 우선상정 긴급동의안이 가결되자 이어서 '단체행동자유권 중심의 조합자치주의'를 골자로 한 수정안을 제출하였다. 따라서 그 심의 과정은 전진한 의원의 '수정안'과 사회보건위원회 '원안'의 대결국면으로 압축되어 불꽃 튀는 격렬한 논전을 전개한 점이 두드러진 특징으로 드러난다. 그러나 밖으로는 전쟁의 포연, 안으로는 '발췌개헌' 과정의 테러 분위기에서 과거 전평의 악몽에 사로잡힌 한민당 계열의 민국당의원과 원내 자유당의원의 반노동자 감정으로 인하여 수정안의 일부만 수용되고 원안이 수정가결된 것은 당시의 특수한 한국의 '풍토적 상황'을 반영한 것으로 볼 수 있다.

셋째, 그 제정 내용은 일본의 법제를 모방했다고 하는 기존의 주장과는 달리 법의 구성체계와 구체적 내용면에서 일본의 노동조합법과는 구별되는 상대적 독자성을 갖춘 것으로 평가할 수 있다고 본다. 기존의 주장은 그 모방한 모법을 분명히 밝히지 않고 있지만 원안이 참고한 것으로 추측되는 일본 노동조합법은 맥아더사령부 시기의 행정관청의 강력한 개입과 감독을 규정한 1945년 구노동조합법(법률 제51

호. 이 법은 노조의 자주성 강화를 위하여 1949년 법률 제174호 노동조합법으로 개정됨)인 것으로 판단된다. 그러나 그 구성체계가 일본은 '노동위원회'를 제4장에서 규정하여 노동조합법에서 다루고 있는 데 비하여, 한국은 노동위원회를 노동조합법에서 규율하지 않고 노동위원회법을 독자적으로 따로 제정한 점이 구별되는 특성이다. 한국은 수정안의 주장을 가결하여 노동조합의 목적조항(제1조)에서 '단체행동자유권 보장'을 명시하고 있는 데 비하여, 일본은 '단결권의 보장 및 단체교섭권의 보호조성'만을 규정하고 있을 뿐이다. 또한 한국은 노동조합의 결격요건으로 규정한 '주로 정치운동 또는 사회운동을 목적으로 하는 경우'를 삭제하였지만, 일본은 이를 그대로 결격요건으로(제2조 4호) 존치하고 있는 점이 서로 다르다.

하지만 노동조합에 대한 행정관청의 강력한 개입에 있어서는 일본에 비하여 한국이 더욱 이를 강화하여 규정하고 있는 점이 구별되는 특색이다. 즉 일본은 규약이 법령에 위반(제8조)한 경우만 행정관청의 개입을 허용하는 데 비하여, 한국은 법령 위반뿐만 아니라 '공익을 해할 경우'(제13조)까지 개입의 사유를 확대규정하고 있다. 뿐만 아니라 노동조합의 해산명령에 있어서 일본은 노동위원회의 신청에 의해 '재판소'가 해산을 결정할 수 있도록(제15조) 하는 데 비하여, 한국은 노동위원회의 결의를 거쳐 '행정관청'이 해산명령(제32조)을 할 수 있도록 규정하고 있는 점이 확연히 구별되는 차이다. 또한 한국의 단체협약에 있어서는 그 명칭이 일본의 '노동협약'과 다를 뿐만 아니라 '단체협약의 체결을 직장단위'(제35조)로 제한한 점이 일본에는 없는 독특한 규정이다. 또한 단체협약의 유효기간이 한국은 1년(제39조), 일본은 3년(제20조)이고, 단체협약의 일반적 구속력과 지역적 구속력의 요건이 한국은 각각 동종근로자의 반수 이상(제40조) 3분지 2 이상(제41조)인 데 비하여 일본은 각각 동종근로자의 4분의 3 이상(제23조) '대부분'(제24조)으로 규정한 점이 구별된다.

이처럼 우리의 노동조합법 제정은 남북분단과 동족상쟁이라는 미증유의 민족비극 속에서 헌법 유린을 자행한 이승만 독재정권에 맞서 싸운 조방쟁의가 기폭제로 되어 그동안의 노동운동이 주체적으로 법적 결실을 맺은 것으로 볼 수 있다.

4장

노동쟁의조정법 제정

4장에서는 먼저 노동쟁의조정법의 제정경위와 입법정신(제1절)을 살피고 나서, 전국적 파업 및 조정전치주의에 관한 심의내용의 핵심쟁점(제2절)을 검토한 뒤에, 근로자의 구속제한 등 심의내용의 중요쟁점(제3절)을 고찰하기로 한다.

1 제정경위와 입법정신

1) 제정경위

노동쟁의조정법안은 1951.6.8. 정부안[1](사회부 노동국 조정과)으로 제안되었지만 결국에는 이 정부안을 토대로 국회 사회보건위원회의 심의를 거쳐 1952.11.4. 노동쟁의법안의 명칭을 한 전문 5장 31조의 사회보건위원회안[2]으로 국회에 제출되었다.[3]

---

* 이 장에 실린 글은 『서울대학교 법학』, 제49권 제1호(2008)에 실린 「노동쟁의조정법 제정심의의 주요쟁점」을 수정, 보완한 것이다.

1 정부는 정부안의 제출 이유에 대하여 "과거 군정, 과정(過政)을 통하여서의 노동쟁의조정은 군정법령 제19호와 동 제34조에 의거하여 처리되어 오던바 법령 자체가 현실에 비추어 미비한 점이 있을 뿐만 아니라 정부수립과 아울러 노동쟁의조정에 관한 단일모법을 제정할 필요가 있으므로 자(玆)에 본 법안을 제출함"이라고 밝혔다. 국회사무처 의안과, 의안문서, 제8권, 10－14면.

2 국회속기록 제15회 제13호, 2면 하단－4면 중단; 국회사무처, 『대한민국 법률안연혁집』(1992.5), 3037－3039면.

3 당시 사회부 노동국장이었던 한몽연(韓夢淵) 씨는 그때의 법안 제출 상황에 대하여 "노동제법의 초안을 이항녕 교수와 둘이서 잠바 차림으로 싸구려 여관과 중국집 2층을 전전하면서 각국의 노동관계법을 참고하여 우선 테두리부터 잡아 나갔습니다. 마련된 초안을 정부안으로 할 것이냐 국회 보사위분안으로 제출할 것이냐로 의견이 엇갈렸으나 결국 국회분위안으로 국회에 제출했습니다"라고 증언하였다. 「대한노총의 결성 전후: 노동운동의 회고담(6)」, 『노동공론』(서울: 노동문제연구소, 1972.5), 168－169면. 그러나 한몽연 씨의 증언과는 달리 이항녕(李恒寧) 교수는 다음과 같이 증언하였다. "아마 6.25 이전부터 부산대에서 노동법을 강의한 것으로 기억해요. 당시 내가 노동법 강의를 하기 때문에 국회가 부산으로 피난 오면서 국회에서 노동법을 제정한다고 할 때에 자연스럽게 관여하게 된 것이지요. 그때 성균관대 교수로 계시면서 사회부 노정과장으로 있던 홍형표[원문은 홍형표로 되어 있지만 홍영표(洪永杓)의 오식인 것 같다; 필자] 씨가 있었는데 노동법 제정 담당자였어요. 그런데 내가 국회전문위원을 하고 있었는데, 보건사회위원회인가 그랬는데, 거기서 노동법을 제정한다고 그래 가지고 홍형표 선생과 같이 초안을 만들게 된 것이었어요." 「한국노동법학회 창립40주년 기념 원로간담회」, 『노동법학』, 제8호(1998), 189면.

김용택 사회부차관은 노동쟁의법안 심의 제1독회에서 "정부로부터 처음에 노동위원회법과 노동쟁의법을 일괄해 가지고 노동조정법으로서 이것을 제출하려고 했습니다만 관계 사회보건위원회 여러분들께서 이것을 단일법으로서 위원회법과 또는 쟁의법 두 개로 국민에게 내놓는 것이 좋지 않으냐"[4] 하여 별개로 노동쟁의법안을 제안한 것임을 밝혔다.

이 사회보건위원회안(이하 '원안'이라 한다)에 대한 수정안으로서 주로 쟁의행위의 금지 및 개시 문제와 쟁의행위의 실효성 확보 문제를 대상으로 한 이진수 의원 외 34인 수정안(이하 '이진수 의원 수정안'이라 한다), 전진한 의원 외 37인 수정안(이하 '전진한 의원 수정안'이라 한다), 정남국 의원 외 24인 수정안(이하 '정남국 의원 수정안'이라 한다), 김지태 의원 외 20인 수정안(이하 '김지태 의원 수정안'이라 한다), 최원호 의원 외 10인 수정안(이하 '최원호 의원 수정안'이라 한다)이 각각 제안되었다.[5]

노동쟁의법안은 노동위원회법안과 함께 1953.1.24. 제15회 정기국회 제13차 회의에 상정되어[6] 본격적 심의를 계속하여 1953.1.31. 제19차 회의에서 제2독회를 완료하고 제3독회를 생략한 채[7] 원안의 명칭과 세 가지 쟁점만 수정 가결되어 1953.3.8. 법률 제279호로 공포되었다.

노동쟁의조정법의 제정배경과 그 필요성은 노동조합법을 비롯한 일련의 노동관계법 제정의 경우와 그 맥락을 같이하기 때문에[8] 이곳

---

4 국회속기록 제15회 제13호, 11면 상단.

5 이진수 의원 수정안을 비롯한 각각 수정안의 구체적 내용은 국회속기록 제15회 제13호, 5면 상단-6면 중단 참조. 다만 최원호 의원 수정안의 내용은 국회속기록 제15회 제18호, 14면 중단 참조.

6 국회속기록 제15회 제13호, 1면.

7 국회속기록 제15회 제19호, 11면 중단.

8 노동쟁의조정법의 제정배경과 그 필요성에 대한 구체적 논의는 졸고, 「노동조합제정사의 법사회학적 조명: 그 제정배경과 전진한의 역할 및 법인식의 탐조」, 『서울대학교 법

에서는 구체적 논의를 피하기로 한다.

2) 입법정신

김익기 사회보건위원장은 법안의 제안 설명에서 그 입법목적은 "헌법에 보장되어 있는 단체의 행동의 자유권, 즉 쟁의권을 보장해주는 것"[9]이라고 한 데 비하여 김용택 사회부차관은 "전쟁을 수행하는 우리나라로서 계급투쟁의 정신에 치중하지 아니하고 노자가 협조한다고 하는 그러므로 전력 증강과 생산의 의욕을 기할 수 있는"[10] 것이라고 밝혔다.

이진수 의원은 법제안의 필요성을 "노자협조가 완전히 실천되지 못한 그 단계에 대비"하기 위한 데 있다고 전제하면서 그 입법정신은 "근로자의 단체행동, 노동권의 자유, 자유권의 보장, 공정한 조정 어느 편에도 치우쳐서는 안 될 것"이라고 강조하였다.[11]

조봉암 국회부의장은 "노동자는 자기의 처지로서는 그러한 조건으로서는 견딜 수 없다고 결정했을 때 기업주와 투쟁을 하게 되는 것"이라고 하면서 "이것은 필연적으로 일어나는 일인 까닭에 우리가 법을 만든다는 것은 이 필연적으로 일어나지 않을 수 없는 것을 법적 체제하에서 합리적으로 되도록 해야 되겠다는 것이 쟁의법의 목적"이라고 주장하였다.[12]

학』, 제46권 제2호, 170-174면, 177-178면 참조.

9 국회속기록 제15회 제13호, 6면 하단.

10 국회속기록 제15회 제13호, 11면 상단.

11 국회속기록 제15회 제13호, 18면 상단.

12 국회속기록 제15회 제16호, 8면 하단-9면 상단.

2 심의내용의 핵심쟁점

노동쟁의조정법 제정심의의 핵심쟁점은 쟁의행위의 금지대상(전국적 파업)과 쟁의행위 개시요건(조정전치주의) 문제였다. 다음부터 이를 나누어 살펴보기로 한다.

1) 전국적 파업

원안은 "좌의 각호의 일에 해당하는 행위는 쟁의행위를 할 수 없다. 一, 공장 사업장 기타 직장에 대한 안전보호시설의 정당한 유지운행을 정폐 또는 방해하는 행위 二, 전국적 규모로 확대시키어 이로 인하여 국민경제를 심히 위태케 하는 행위(제6조 제1항). 행정관청은 쟁의행위가 전항에 해당한다고 인정할 경우에는 노동위원회의 결의에 의하여 그 행위의 중지를 명하여야 한다(제6조 제2항)"이다.

전진한 의원 수정안은 원안의 제6조 제1항 2호를 삭제하자는 것이고, 이진수 의원 수정안의 주요골자는 "쟁의행위가 전국적 규모로 확대되어 국민경제를 심히 위태케 한다고 인정되는 경우에는 중앙노동위원회의 요청에 의한 민의원의 결의에 의하여 행정관청은 그 행위의 중지를 명할 수 있다(제6조 제2항)"이다.

이 쟁점 논의의 핵심은 결국 전국적 파업을 쟁의행위로 인정할 것이냐의 여부로 귀착되는데, 원안과 이진수 의원 수정안은 이를 부정하는 것이고 전진한 의원 수정안은 이를 긍정하는 입장으로 이해할 수 있다. 전국적 파업을 부정하는 견해를 같이하면서도 원안은 전국적 파업을 노동위원회의 결의를 통해서 중지하려는 데 반하여 이진수 의원 수정안은 이를 민의원 결의에 의하여 중지하려는 점에서 구별된다. 이들 각각의 주장 요지와 그 토론의 경위를 살펴보기로 한다.

(1) 전국적 파업을 부정하는 입장: 원안과 이진수 의원 수정안

① 원안

김익기(金翼基, 1916) 사회보건위원장(안동 을, 무소속, 니혼대학 법과 졸업, 제헌국회의원, 헌법기초위원)은 법안의 심사보고에서 전국적 파업은 정치적으로 악용될 우려가 있다고 판단하여 이를 부정하는 입장을 다음과 같이 주장하였다.[13]

> '정치스트라이크' 즉 동정파업을 해가지고 전국적으로 확대되는 파업은 이것은 금지했습니다. …… 우리나라에 있어서는 만일 그런 경향이 있다고 할 것 같으면 여러 가지로 이것을 정치적으로 악용할 우려가 있다고 인정하고 이 전국적인 정치파업 이것을 절대로 못하게끔 방지하였습니다. 그러나 이 정치파업이라든지 전국적으로 하는 동정파업이라고 인정하는 사람은 누구냐 하면 주무장관이라도 반드시 노동위원회의 결의가 있어야만 중지하게끔 이렇게 노동위원회에 강력한 힘을 부여해 가지고 노동위원회의 결정에 의거하도록까지 한 것이올시다.

② 이진수 의원 수정안

이진수(李鎭洙, 1900) 의원(양주 을, 대한국민당, 니혼대학 경제과 졸업, 조선변리사회장, 제헌국회의원)은 전국적으로 노동쟁의가 확대되어 국민경제

---

13 국회속기록 제15회 제13호, 9면 하단－10면 상단.

에 막대한 위협을 줄 우려가 있는 경우에 이는 경제주권에 관계되는 것이므로, 공정한 구성이 확보되어 있지 않은 중앙노동위원회보다는 민의원이 이에 대한 조치를 취해야 한다고 다음과 같이 주장하였다.[14]

> 중앙노동위원회의 구성요소를 본다고 하면 사용주와 공익위원하고 야합될 적에 방지하는 규정이 없는 것입니다. 그러기 때문에 본조 제2항에는 당연히 이것이 공정을 기하고 전국적인 면에 경제위기를 초래할 우려가 있다고 관청이 독선적 행동을 하는 것을 방지하고 위원회하고 야합해 가지고 치우친 불공평한 것을 거세하고 견제하는 의미에서 우리 민의원에서 결의해 가지고 그 행정관청으로 하여금 공정을 기하는 입장에서 중지명령을 할 수 있도록 하자는 것입니다.

임용순(任容淳, 1903) 의원(삼척, 무소속, 중학교 졸업, 대한청년단 삼척군단장)은 "노동위원회를 거세하고 편파적이고 야합하는 이러한 모든 행위를 견제하기 위해서 민의원의 결의에 의해서 행정관청은 명할 수 있다"[15]는 점을 제시하여 이진수 의원 수정안을 지지하였다.

(2) 전국적 파업을 긍정하는 입장: 전진한 의원 수정안

① 전진한 의원 주장

전진한 의원은 원안이 "대단히 노동자의 쟁의활동을 제한"하고 있기 때문에 "전국적 규모로 확대한다는 것은 상상할 수 없는 것"이므로 이

14 국회속기록 제15회 제16호, 6면 상단.
15 국회속기록 제15회 제16호, 8면 하단.

조문은 "필요 없는 연문(衍文)일 뿐 아니라 대단히 유해한 조문"이라고 판단하여 이를 삭제할 것을 다음과 같이 주장하였다.[16]

> 만약에 전국적으로 확대될 사실이 있을 것을 상정하려면 필연적으로 이 조정법이 그걸 인정해야 할 터인데 사실 조정법에 있어서 인정이 안 되어 있습니다. 공익사업에 있어서는 물론이고 사사(私事)사업에 있어서도 여러 가지 제한이 있어요. 그러므로 이것은 연문일 뿐 아니라 오히려 이 조문이 있으면 앞으로 노동자의 쟁의행위에 이 조문을 악용해서 많은 폐단이 생깁니다. 그리고 이와 같은 악(惡)조항은 입법례가 별로 없습니다. 중요한 사업부분에 대해서 제한했으면 그만이지 또 여기에 개괄적으로 전국적 규모라고 만들어 가지고 여러 가지 법률해석에 따라서는 도저히 노동자가 움직일 수 없는 형편에 빠집니다. 그러므로 이 조항은 꼭 빼야 되겠어요.

② 찬성 견해

조봉암 국회부의장은 "같은 종류의 기업체에서 같은 조건으로 투쟁이 일어난다면 …… 필연적으로 자연히 전국적으로 일어나질 수도 있는 것"이므로 "노동조합이 연합체를 가지고 있는 바에는 일부러 선동을 하든지 안 하든지 간에 전국적으로 여러 군데서 일어나는 것을 조정하지 않을 수 없는" 까닭에 "이것은 의례히 되여지는 것을 전연 못 한다 그랬자 그것은 말이 되지 않는 말"이라고 하면서, "어느 나라에서 노동조합이 있고 노동법이 있는 나라에서 전국적으로 일어나는 일을 못 한다 그런 법을 만든 것을 보신 일"이 있느냐고 반문하며 전진한 의원 수정안에 찬성하였다.[17] 조광섭(趙光燮, 1901) 의원(영등포 갑, 대한

---

16 국회속기록 제15회 제16호, 6면 중단-하단.

노동총연맹, 만주대학 정경학과 졸업, 대한노총 영등포위원장)은 "전국적인 연합체를 인정해준 이상 노동조합 자체가 여기서 무엇보다도 전국적인 이러한 연합체로서 국가의 국민경제를 위태롭게 하지 않을 그러한 지경에는 반드시 이러한 것이 용인되어주어야 할 것"이라고 하면서 "여기서 6조와 같이 이 조항 전체를 다 집어넣으면 쟁의를 조정하는 법이 아니라 쟁의를 방지하는 법"이 될 것이라 주장하며 전진한 의원 수정안을 지지하였다.[18] 또한 임기봉(林基奉, 1903) 의원(목포, 대한노동총연맹, 평양신학교 및 일본 도시샤대학 졸업, 대한노총 중앙본부부위원장)[19]은 근로자의 "생활권 확보"를 이유로, 유홍(柳鴻, 1899) 의원(영등포 을, 국민회, 경성공업고등학교 졸업, 국민회총본부 재정부장)[20]은 원안의 이 조항을 존치할 경우 오히려 근로자의 "그 투쟁방식이 법에 의한 투쟁이라는 것이 아니라 의외로 폭력이나 파괴나 이러한 것이 나올 우려가 다분히 있다"는 점을 이유로 각각 문제된 조항의 삭제를 주장하였다.

(3) 제2차 토론과 표결, 전진한 의원 수정안 가결

제1차 표결에서 전진한 의원 수정안(재석원수 111인, 가 38표), 이진수

---

17 국회속기록 제15회 제16호, 9면 상단–중단. 조봉암 국회부의장은 "물론 '볼셰비키'가 통치하고 있는 노서아(露西亞)에서는 전국적으로는 고사하고 한 군데서라도 동맹파업을 했다는 것이 없어요. 그것은 못해요. 전체주의인 까닭에 그래요. 자유주의국가에서는 어느 나라에서든지 전국적으로 일어나는 투쟁을 날마다 보고 들을 것입니다. …… 그러한 것을 우리가 입법하면서 우리는 그것을 안 한다는 것은 어느 나라 사람인데 어디에 속하는 사람인데 그것을 안 할 것입니까. 나는 이것이 입법의 정신에 근본적으로 어그러지는 조항이라고 생각해서 이 조항을 삭제하는 것이 절대로 옳다고 생각합니다" 라고 하여 전체주의와 비교를 통해 그 입법정신을 근거로 자신의 견해를 피력하였다. 국회속기록 제15회 제16호, 9면 중단–하단.

18 국회속기록 제15회 제16호, 7면 하단.

19 국회속기록 제15회 제16호, 7면 중단–하단.

20 국회속기록 제15회 제16호, 9면 하단.

의원 수정안(재석원수 115인, 가 21표), 원안(재석원수 117인, 가 47표)이 각각 과반수 미달로 미결이 되어 다시 각 안을 지지하는 의원들이 토론을 하게 되었다. 제2차 표결까지 각 안을 찬성하는 발언을 한 의원 수는 전진한 의원 수정안에 대하여 5인, 이진수 의원 수정안에 대하여 2인, 원안에 대하여 1인이었다.

특히 이례적인 것은 사회를 보던 신익희(申翼熙, 1894) 국회의장(광주, 민주국민당, 일본 와세다대학 정경학부 졸업, 상해임정 국무원비서장, 제헌국회의원)이 조봉암 국회부의장에게 사회를 넘기고 전진한 의원 수정안을 지지하는 발언을 한 점이다. 제2차 토론에서 전개한 각 안에 대한 찬성의 주요 논거를 살펴보기로 한다.

① 전진한 의원 수정안

법제사법위원회의 노동쟁의법안 사전심의에 참여했던 엄상섭(嚴詳燮, 1907) 의원(광양, 무소속, 광주사범학교 졸업, 일본고문시험 사법과 합격, 변호사, 홍익대학장)은 제6조 제1항 2호의 규정내용이 추상적이므로 노동쟁의권을 침해할 우려가 대단히 많다는 점을 다음과 같이 주장하여 전진한 의원 수정안을 찬성하였다.[21]

> 최근 우리나라의 정치동향을 바라보면 '심히 위태롭게' 한다는 이것은 즉 정도의 표시에요. 이런 어떤 기본권을 옹호하는 입장에서 볼 적에 정도로 해가지고 조문을 만들어 놓으면 언제든지 기본권이 침해되는 방향으로 이용되기가 쉽습니다. …… 즉 '전국적 규모로 확대시키어' 이것을 가지고 전국적인 '제네스트'를 쟁의행위로 보지 않는다는 기분을 가지게 하고 또 '심(甚)'이라는 정도

21 국회속기록 제15회 제16호, 14면 상단.

의 판단은 역시 행정관청이 하고 행정처분이면 재판소에서 한다고 하드라도 사법기관이라는 것은 언제든지 보수적 경향이 있습니다. 이러한 두 가지 점으로 보아서 노동쟁의권을 침해할 우려가 대단히 많은 조문이라고 이렇게 해석합니다.

신익희 국회의장은 "노동쟁의 하는데 종종 제한을 두고 종종 구속을 한다고 하면 노동쟁의에 관한 법률이라고 할 것이 무엇이 있느냐"고 반문하면서 "노동권으로 보든지 혹은 파업의 자유라는 원칙으로 보든지 제6조의 1항 2호는 명문으로 규정할 필요가 없는 것"이라고 주장하는 한편, 원안이 우려하는 특수한 국내 사정의 위험은 노동쟁의법이 아니라 국가보안법 등에 의해 대처할 수 있는 것이라고 지적하였다.[22] 곽상훈(郭尙勳, 1896) 의원(인천 을, 무소속, 경성고등공업학교 중퇴, 제헌국회의원, 반민족행위처벌재판소 검찰차장)은 "노동자를 너무 위험시하는 이 관념을 먼저 버려야 할 것"이고 "노동자가 반드시 자기 이익을 옹호하기 위해서 합법적인 운동을 하는데도 불구하고 노동자는 언제든지 파괴행동으로 나오겠다는 이런 선입관을 가져서는 안 될 것"이라고 주장하면서 문제된 조항을 삭제하는 수정안에 동의하였다.[23] 노기용(盧企容, 1895) 의원(협천 갑, 무소속, 경성보성학교 졸업, 경북도 경찰학교장)은 "국민경제가 위험하다고 하면 그때그때 정치적으로 조정할 일이지 그것을 법으로 정의에 입각한 법을 만드는 데 법이 아닌 법을 그 파생적 적은 염려에 의지해서 불법을 만든다고 하는 것은 대단히 곤란한 문제"[24]라고 지적하고, 김봉재 의원은 전국적 파업이 전

22 국회속기록 제15회 제16호, 14면 하단.
23 국회속기록 제15회 제16호, 17면 상단.
24 국회속기록 제15회 제16호, 12면 하단.

쟁에 미치는 거대한 부담이 된다는 "그러한 예상에서 노동자의 기본 권리를 박탈하는 방향으로 입법한다는 자체는 일대 모순"[25]이라고 주장하면서 각각 전진한 의원 수정안을 지지하였다.

② 이진수 의원 수정안

유승준 의원은 "당연히 민의원의 결의에 의하여 전 국민의 의사로 노동쟁의를 해결한다고 하는 이 성의야말로 이 법의 골자"[26]라는 점, 그리고 이종영(李鍾榮, 1895) 의원(정선, 국민회, 일본 와세다대학 정경과 졸업, 대동신문사 사장)은 "가장 좋은 해결책이 노동위원회에 맡겨서 정부가 이런 무기를 뺏지 않도록 민의원에 묻는다는 것이 신중을 기하는 적절한 조치"[27]라는 점 등을 주요내용으로 하여 각각 이진수 의원 수정안을 찬성하는 발언을 하였다.

③ 원안

최면수(崔勉洙, 1887) 의원(보은, 대한국민당, 보성전문학교 법과 중퇴, 한인동양의병대참모)은 노동관련 입법에 따르면 전국적으로 "노동쟁의가 그렇게 확대되게까지는 안 되게 결말을 짓게 되어 있다"고 지적하면서도 "경제적으로 정치적으로 만일 전국적으로 파동이 된다고 할 때에는 …… 항상 노동자들을 이용해 가지고 우리 민주주의국가를 흔들려는 좌익계열에서는 …… 이 노동조합이라든지 어떤 공장이라든지 잠재해 가지고 그 나라를 정치적으로 동요시키려는 것이 있다"라는 점을 들어 원안을 지지하였다.[28]

---

25 국회속기록 제15회 제16호, 16면 하단.

26 국회속기록 제15회 제16호, 13면 하단.

27 국회속기록 제15회 제16호, 15면 하단.

④ **전진한 의원 수정안 가결**

제2차 표결에서 전진한 의원 수정안이 압도적 지지로 가결(재석원수 122인, 가 73표)되었다.

2) 조정전치주의

원안은 "노동쟁의가 발생하였을 경우에는 그 당사자는 행정관청의 알선 또는 노동위원회의 조정이 실패에 귀(歸)하였을 때 이외에는 쟁의행위를 할 수 없다. 전항의 경우에 있어서 분쟁사건이 행정관청과 노동위원회에 보고되어 일반사업에 있어서는 3주일을 공익사업에 있어서는 6주일을 경과하여도 해결이 나지 않을 때에는 예외로 한다(제7조)"이다.

이진수 의원 수정안은 행정관청의 알선절차를 채택하지 않고 노동위원회의 조정이 실패하면 쟁의행위를 개시할 수 있도록 하는 한편 그 조정기간을 일반사업은 1주일, 공익사업은 2주일로 단축한 것이 원안과 다른 점이다. 전진한 의원 수정안은 "제7조를 좌와 여(如)히 수정함. 공익사업에 있어서 노동쟁의가 발생하였을 경우에는 그 당사자는 노동위원회의 조정이 실패에 귀하였을 때 이외에는 쟁의행위를 할 수 없다. 전항의 경우에 있어서 분쟁사건이 행정관청과 노동위원회에 보고되어 2주일을 경과하여도 해결이 나지 않을 때에는 예외로 한다. 본조 제1항의 규정은 쟁의행위의 발생 중에 그 사업이 제4조 제2항의 규정에 의하여 공익사업으로 지정된 경우에는 적용하지 않는다(본항 신설)"이다.

---

28 국회속기록 제15회 제16호, 16면 상단-중단.

전 의원 수정안은 일반사업과 공익사업을 구별하여 일반사업은 자유로이 쟁의행위를 개시하고 공익사업만 쟁의행위 개시를 위해 2주일의 노동위원회 조정을 거치도록 하는 한편 쟁의 중의 일반사업을 공익사업으로 새로 지정하여 그 일반사업에 대해 쟁의행위 제한을 가하려는 것을 방지하기 위한 조항을 신설한 점에서 원안과 이진수 의원 수정안과는 근본적으로 구별되는 특징이 있다. 이들 안의 주장 논거를 살펴보기로 한다.

(1) 쟁의행위 방지를 통한 노동쟁의의 원만한 해결: 원안

김용우 사회보건위원장은 "현재에 있어서 노동자의 노동쟁의가 발생하였을 때에는 직접 그 피해를 노동자가 받고 있기 때문에 알선과 조정의 기간을 두어서 될 수 있는 대로 쟁의행위에 들어가지 않고 원만하게 해결하자는 것이 이 조항에 대한 본위원회의 목적"[29]이라고 분명히 밝혔다.

(2) 조정기간 단축에 의한 노동쟁의의 신속한 해결: 이진수 의원 수정안

이진수 의원은 "보호와 간섭의 차이"는 다르다고 전제하면서 "알선한다고 하는 명목 밑에서 알선이 지나쳐서 위문(慰問)이 폐문(廢問)처럼 되어서 지나친 간섭이 됨으로써 초래하는 결과가 최대의 사태를 일으키는 것을 볼 때에 국가민족을 위하여 불행한 까닭에 이 강력한 조항 같은 것은 필요 없다고 보는 것"이라고 주장하였다.[30] 또 이 의원은 "선진 국가에서는 노동쟁의기금을 노동자 자체가 보유하고 있는 것입

---

29 국회속기록 제15회 제18호, 6면 중단.

30 국회속기록 제15회 제13호, 18면 하단.

니다. 우리는 먹기 급하고 억울하고 딱한 우리 현실에 있기 때문에 그 쟁의기금이라는 것은 없습니다. 있다고 하면 3주일 내지 6주일을 지탱해 나가도 좋습니다. 그래서 시일을 될 수 있는 대로 단축시켜서 이러한 문제를 하루속히 해결함으로써 노자 간에 쌍방이 다 합의하라는"[31] 취지에서 수정안을 제출한 것이라고 밝혔다.

(3) 일반사업의 쟁의행위 개시자유와 쟁의 중 공익사업 지정 금지: 전진한 의원 수정안

전진한 의원은 원안이나 이진수 의원 수정안은 다같이 "일반사업이나 공익사업을 막론하고 결국 정부의 알선 노동위원회의 조정을 마치기 전에는 쟁의행위를 할 수 없다"고 하여 "노동자의 쟁의권을 제한"하자는 것임에 반하여, 자신의 수정안은 "일반사업에 있어서 노동조합에 있어 가지고는 그 행동의 자유를 거절할 이유가 없기 때문에 여기에는 공익사업에 있어서만 제한을 하고 일반사업은 제외하자는 것"이 근본정신이라고 밝혔다.[32] 전 의원은 자신의 수정안 중 한 항목의 신설취지에 대하여 "어떠한 일반사업에 있어서 쟁의가 발생하였을 때 이것은 공익사업이라고 새로운 인정을 해서, 즉 이 본법 제4조 2항에 규정된 바에 의지해서 공익사업으로 지정해 가지고 노동자의 쟁의권을 또 제한받을 우려가 있기 때문에 일단 쟁의가 발생한 이후에는 그 쟁의 중에는 일반사업을 공익사업으로 새로 지정하는 것을 막자는 것"이라고 천명하였다.[33] 전 의원은 결론적으로 "공익사업만은 우리가 특별히 국가가 법률로 보호해 가지고 이 노동자나 기업가나 여기

31 국회속기록 제15회 제18호, 5면 상단.

32 국회속기록 제15회 제18호, 5면 상단—중단.

33 국회속기록 제15회 제18호, 5면 중단—하단.

에 대해서 쟁의행위를 발동할 것을 제외해 놓고 일반사업에 있어서는 헌법이 보장하고 노동조합법이 보장하는 원칙을 확보해 가지고 행동의 자유를 확보해야 되겠다는 것"이라고 주장하였다.[34]

(4) 원안과 전진한 의원 수정안 중 '항목 신설 안' 가결

전진한 의원 수정안 중 제7조 '본조 안'(재석원수 99인, 가 25표)과 이진수 의원 수정안(재석원수 99인, 가 8표)은 각각 미결되고, 원안이 가결(재석원수 99인, 가 53표)되었다.

전진한 의원 수정안 중 '항목 신설 안'은 과반수 못 되어 미결(재석원수 93인, 가 40표)되었지만, 김용우 사회보건위원장이 "위원회에서는 쟁의 중에 공익사업체로 정하는 거기까지는 그때 생각하지 않았습니다. 그러니까 이 조항에 대해서는 위원회로서도 별 이의가 없다고 생각합니다"[35]라는 발언이 있은 뒤 제2차 표결에서 가결(재석원수 98인, 가 52표)되었다.

3 심의내용의 중요쟁점

1) 근로자의 구속제한

원안은 "근로자는 쟁의기간 중에 현행범 이외에는 여하한 이유로도 그 자유를 구속당하지 아니한다(제13조)"이고, 전진한 의원 수정안은

34 국회속기록 제15회 제18호, 5면 하단.
35 국회속기록 제15회 제18호, 7면 중단.

"형법 제95조(공무집행방해) 제106조(소요) 제107조(파산) 제208조(폭행) 제222조(협박) 및 제234조(위협에 의한 협박)는 쟁의기간 중 근로자에 적용하지 아니한다"를 제13조 제2항으로 신설하자는 것이다. 이 밖에 김지태 의원 수정안은 제13조의 '근로자' 다음에 '및 사용자'를 삽입한다는 것이고, 법제사법위원회 수정안은 제13조를 삭제하자는 것이다.

(1) 쟁의 근로자의 신분보장: 원안

김익기 사회보건위원장은 법안의 심사보고에서 "사용자는 항상 강한 자이고 근로자는 항상 약한 편에 있는 것이 현실"이라고 전제하고 "관권이, 즉 행정부 권한이 사용자와 부동(附同)될 우려가 언제든지 개재되어 있는 것"과 "과거의 쓰라린 경험"에 비추어 "근로자의 신분을 사용자에만 대해서 보장시킬 뿐만 아니라 법적으로 노동쟁의 중에는 현행범이 아닌 근로자의 신체를 구속 못하게끔 규정을 한 것"이라고 밝혔다.[36] 임기봉 의원은 이 조항이 삭제되면 "쟁의의 목적을 달성"할 수 없다고 주장하고,[37] 또한 이진수 의원은 "만일 현행범이 아닌 사람을 구실을 삼아서 이에 가압하거나 협박하거나 구속하거나 한다면 그야말로 쟁의를 정당시할 수 없을 뿐만 아니라 쟁의법은 공문(空文)에 불과할 것"[38]이라고 주장하여 각각 원안을 지지하였다.

(2) 쟁의 방해의 금지: 전진한 의원 수정안

전진한 의원은 "사실문제에 있어서 과거의 경험으로 보든지 …… 가령 조방쟁의에서도 노동자가 많이 희생을 당했고 그 모든 조항이 협

---

36 국회속기록 제15회 제13호, 10면 중단.

37 국회속기록 제15회 제19호, 7면 하단.

38 국회속기록 제15회 제19호, 8면 상단.

박을 했다 공갈을 했다 해서 잡아갔어요. 그래서 선진국국가의 입법례에는 이러한 조항을 노동자에게 적용하지 않는다"고 주장하면서 "이것은 협박이다 공갈이다 무엇이다 해서 그 쟁의를 방해할 우려가 있기 때문에 이것을 없애기 위하여" 수정안을 제출한 것이라고 그 취지를 밝혔다.[39]

(3) 좌익계열의 노동운동 방지: 김지태 의원의 수정안 철회와 법제사법위원회 수정안 동의

김지태(金智泰, 1908) 의원(부산 갑, 무소속, 부산상업고등학교 졸업, 조선견직 한국생사 사장, 부산일보 사장)은 "공산주의하고 싸우고 있는 이 마당에 잘못하면 과거……전평시대에 좌익계열의 노동운동이 성행하고 …… 그러기 때문에 이것을 틈타서 좌익계열이 선전할 수 있는 기회"를 줄 우려가 있으므로 "국난을 타개할 때까지는 제13조를 삭제하는 것"이 좋다고 생각하여 자신이 낸 수정안을 철회하고 법제사법위원회의 삭제를 주장하는 수정안에 동의하였다.[40] 이때 사회를 보던 윤치영(尹致暎, 1898) 국회부의장(공주 을, 대한국민당, 일본 와세다대학 법과 졸업, 제헌국회의원, 초대내무부장관)이 "법제사법위원회에서 설명하겠어요?"('필요없습니다' 하는 이 있음)라고 의견을 발표할 기회를 주었으나 아무도 발언을 하지 않아서[41] 그 삭제 주장의 이유를 알 수가 없다.

(4) 원안의 가결

법제사법위원회의 수정안(재석원수 92인, 가 8표, 부 2표)과 전진한 의원

---

39 국회속기록 제15회 제19호, 6면 중단.

40 국회속기록 제15회 제19호, 6면 하단-7면 상단.

41 국회속기록 제15회 제19호, 7면 상단.

수정안(재석원수 92인, 가 5표)은 미결되고, 원안이 3분의 2 이상의 지지를 받아 가결(재석원수 92인, 가 68표)되었다.

2) 쟁의행위의 절차적 제한

원안은 "노동조합을 조직한 근로자가 쟁의행위를 할 때는 조합원의 직접 무기명 투표에 의하여 과반수로서 결정하지 아니하면 노동조합의 명의로서 쟁의행위를 할 수 없다"(제8조)이고, 전진한 의원 수정안은 이 조문을 삭제하자는 것이다.

(1) 조합 민주주의원칙의 확립: 원안

김익기 사회보건위원장은 법안의 심사보고에서 "민주주의원칙에 의거해 가지고 과반수 이상이 노동쟁의를 하자고 희망해야만 비로소 이것을 시작하게끔 이렇게 규정을 한 것"[42]이라고 밝혔다. 김용우 사회보건위원장은 제2독회의 토론에서 "동맹파업을 한다고 할 때에는 노동자 자신이 그날 임금을 받을 것을 받지 않고 …… 개인 개인이 부담해 가지고 싸우는 것이기 때문에 …… 자기가 그런 희생을 해가면서 파업을 하는데 자기 의사표시도 없이 희생을 당하도록 하는 것은 방지"하고, 또한 "지령에 의해서 파업을 하는 이런 것도 방지"하기 위한 취지에서 원안의 구상을 한 것이라고 주장하였다.[43]

---

42 국회속기록 제15회 제13호, 10면 상단.
43 국회속기록 제15회 제18호, 8면 중단-하단.

(2) 쟁의행위의 효율성 보장: 전진한 의원 수정안

전진한 의원은 쟁의행위의 투쟁적 성격에서 비롯된 "활동의 기밀성 요청", 노동조합원을 "일시에 과반수를 한자리에" 모을 수 없다는 사실적 제약, "노동조합원이 일치해서 민주주의적으로 그 행동의 자유를 간부에게 맡겼으면 그 간부가 적당한 시기에 적절히 행동"을 함으로써 "진정으로 노동쟁의행위의 권한을 원활하게 행사"할 수 있다는 점을 들어 이 조항의 삭제를 주장하였다.[44] 정남국(鄭南國, 1896) 의원(완도, 민주국민당, 니혼대학 정치학부 중퇴, 배달청년회부회장)은 우리나라에서는 "조합명의로 쟁의한 예"가 없고 쟁의를 "과반수 투표로 한다고 하는 것이 실상에 맞지" 않는다는 실제적 이유[45]로, 이진수 의원은 "탄압·협박·공갈·급기야는 테러까지 하면서도 이 총회를 못 열게 하는 오늘날의 한국의 현실"[46]적 사정을 이유로 전진한 의원 수정안을 지지하였다.

(3) 원안의 가결

표결에서 전진한 의원 수정안은 미결(재석원수 95인, 가 16표)되고, 원안이 가결(재석원수 94인, 가 56표)되었다.

3) 직장폐쇄의 보고

원안은 "사용자가 직장폐쇄를 하고자 할 때에는 행정관청과 노동위원회에 보고하여야 한다(제9조)"이고, 이진수 의원 수정안은 "조합대표

---

44 국회속기록 제15회 제18호, 7면 하단-8면 상단.

45 국회속기록 제15회 제18호, 8면 중단.

46 국회속기록 제15회 제18호, 9면 상단.

자와 노동위원회에 1개월 전에 보고"해야 한다는 점이 원안과 다른 점이며, 전진한 의원 수정안은 직장폐쇄의 개념에 조업단축을 포함시키는 점 이외에는 원안과 차이가 없다.

(1) 근로자의 생활위협 방지: 원안

김익기 사회보건위원장은 법안의 심사보고에서 "사용주가 언제나 마음대로 자기 직장을 …… 폐쇄한다면 많은 노동자가 생활의 위협을 받을 것"이므로 "반드시 이것은 행정관청이나 또는 노동위원회에 보고한 후라야만 자기의 기업 또는 공장을 폐쇄하게끔 이렇게 규정"한 것이라고 밝혔다.[47]

(2) 조합대표자에게 보고: 이진수 의원 수정안

이진수 의원은 직장폐쇄를 감행하는 "사용자의 독재를 방지하기 위해서는 피해당하는 노동조합대표들은 1개월 전에 알아야 할 것"이고 "그래야 독재방지도 되고 또 해고당하는 많은 희생노동자가 전업도 할 길이 생기는 것"이라고 주장하였다.[48] 정남국 의원은 공장폐쇄나 조업단축의 경우 "공장주가 노동자와 협의"할 것을 주장하며 이진수 의원과 같은 취지의 발언을 하였다.[49]

(3) 조업단축을 직장폐쇄와 동일취급: 전진한 의원 수정안

전진한 의원은 "공장을 절반이나 3분지 2라든지 상당한 부분의 작업을 안 하고 폐쇄한다면 역시 공장폐쇄와 같은 결과[50]가 나기 때문에"

---

47 국회속기록 제15회 제13호, 10면 상단.

48 국회속기록 제15회 제18호, 9면 하단.

49 국회속기록 제15회 제18호, 10면 하단-11면 상단.

조업단축을 "직장폐쇄의 일종"으로 보아 동일하게 취급하자고 주장하였다.[51]

(4) 직장폐쇄의 개념 구분과 노동조합에 예고: 김지태 의원의 주장

김지태 의원은 직장폐쇄의 개념을 두 가지로 구분하고, 조업단축의 성격을 밝혀서 이진수 의원과 전진한 의원의 주장을 각각 논리적으로 반박하는 한편, 동시에 직장폐쇄의 경우 노동조합에도 사용자가 보고할 것을 주장하였다. 김 의원은 직장폐쇄는 "한 가지는 노동쟁의의 수단으로서 직장을 폐쇄하는 경우가 있고 또 하나는 경영난 혹은 천재지변으로서 부득이한 경우에 공장을 폐쇄하는 두 가지가" 있다고 분명히 그 개념을 구분하여 "이 본 법안에 있어서 노동쟁의로서 직장폐쇄라 하는 것은 우리가 노동쟁의를 운영하는 한 수단으로서 하는 행위"라고 정의하였다.[52] 이를 근거로 김 의원은 사용자의 직장폐쇄는 제7조에 의해 "3주일을 경과한 때에는 자동적으로 할 수 있는 것"이므로 이진수 의원이 주장한 '1개월 전의 보고'는 "이 7조에 저촉되는 것"일 뿐만 아니라 "경영난으로 불가항력에 의지해서 폐쇄한다면 예

---

50 임기봉 의원은 해방 후 적산관리자들의 실태를 비판하면서 직장폐쇄 조항 자체를 삭제하자는 주목할 만한 주장을 다음과 같이 하였다. "해방 후로 우리나라의 모든 기업체가 원래 이것이 적산이었습니다. 한데 그 후로 적산을 맡아서 관리하는 관리자들의 동향이 어떻게 되었는가 하면 '갑'이라는 공장을 갖다가 관리권을 받아 가지고 비밀리에 '을'이라는 자기 사설공장을 가지고 있어 가지고 '갑'이라는 공장의 그 내부시설을 모두 뜯어다가 '을'에다가 만들어 놓고 '갑'이라는 공장은 껍질만 남겨 놓고 운영할 수 없다 폐쇄하겠다. …… 이렇게 해 나온 것이 해방 후로 오늘날까지 적산을 관리하던 모든 기업주들이 얼마든지 있습니다. 이러한 동태가 있음에도 불구하고 그저 종이쪽 한 장에다 도장 찍어서 폐쇄한다고 제출만 해버리면 노동자는 어디 가서 살 수 있습니까. 그러므로 이것은 반드시 그러한 문제를 우리가 여기서 삭제하지 않으면 안 된다고 나는 생각합니다." 국회속기록 제15회 제18호, 11면 하단.

51 국회속기록 제15회 제18호, 10면 중단.

52 국회속기록 제15회 제18호, 11면 상단—중단.

고할 기간이 없는" 까닭에 '1개월 전의 보고'는 사리에 부당하다고 비판하였다.[53] 그러나 김 의원은 "되도록이면 가능한 범위 내에서 공장을 폐쇄한 기업주가 있을 때에는 빨리 노동조합이나 노동위원회에 예고할 의무를 가진다"[54]고 자신의 견해를 표명하였다. 또한 김 의원은 전진한 의원 수정안의 "조업단축이라는 것은 노동쟁의의 한 수단"이 아니라 경영에 속하는 문제이기 때문에 조업단축은 "노동쟁의 법규에 넣어서 논의할 문제가 아니고 이것을 논의하자면 노동규준법(勞動規準法)에 가서 이런 문제를 논의해야 할 것"이라고 지적하였다.[55]

(5) 원안의 가결

전진한 의원 수정안(재석원수 104인, 가 17표)과 이진수 의원 수정안(재석원수 104인, 가 14표)은 과반수가 못 되어 미결되고, 원안이 가결(재석원수 104인, 가 61표)되었다.

4) 대체근로자의 채용 금지

원안은 "사용자는 쟁의기간 중에 쟁의에 관계없는 자를 채용할 수 없다"(제11조)이고, 김지태 의원 수정안은 제11조 단서로 "단 사업체 보존상 필요한 인원은 예외로 한다"를 신설하자는 것이다.

(1) 사용자의 억제: 원안

김익기 사회보건위원장은 법안의 심사보고에 이은 답변에서, 노동쟁

53 국회속기록 제15회 제18호, 11면 중단.

54 국회속기록 제15회 제18호, 11면 중단.

55 국회속기록 제15회 제18호, 11면 중단–하단.

의 중에 사용자가 임의로 사람을 채용하면 과거의 조방(朝紡)쟁의사건 처럼 "사용자가 …… 근로자를 마음대로 갖다가서 진정한 노동자를 대표하는 사람을 구축"하여 "파업은 언제든지 질 우려"가 있는 까닭에 "사용자를 억제"하기 위하여 이런 규정을 둔 것이라고 밝혔다.[56]

(2) 직장의 자주적 보존: 김지태 의원 수정안

김지태 의원은 "이 원안의 정신을 충분히 살리면서 다만 그 직장은 쟁의기간 중 잘 보존할 수 있도록 적당한 사람을 주로 경비원"을 채용할 수 있는 한편, "과거의 예를 보면 기업주가 경찰에 통고하면 경찰이 나와 가지고 감시했던 것"을 피하기 위해 수정안을 내었다고 그 취지를 명확히 하였다.[57]

(3) 이의 없이 원안 통과

김용우 사회보건위원장이 "지금 김지태 의원이 설명하시는 그것은 제6조 1항에 여기에 벌써 규정을"[58] 하였다고 의견을 제시한 후 표결을 하였는데, 김지태 의원 수정안은 미결(재석원수 100인, 가 20표)되어 원안이 이의 없이 통과되었다.

---

56 국회속기록 제15회 제13호, 13면 상단－중단.

57 국회속기록 제15회 제18호, 13면 상단－중단. 김지태 의원은 수정안을 낸 실제적 이유에 대하여 다음과 같이 밝히고 있다. "과거의 예를 볼 것 같으면 경찰관과 쟁의단 …… 노동자하고 충돌이 나가지고 대체로 노동자들이 많은 희생을 당하고 경찰에 구속을 많이 당하게 되었습니다. 그러므로 어디까지나 이 노자 간에 감정으로써 이러한 문제를 해결하지 않도록 되도록 사업주의 손으로써 공장을 완전히 보존하고 또 관청에 개의치 않고 이 쟁의의 문제를 감정에 흘러가지 않도록 하는 그러한 의미로서 …… 쟁의를 원만하게 해결하기 위해서 경찰관의 개입을 피하고자 하는 그러한 의도에서 낸 것입니다." 국회속기록 제15회 제18호, 13면 중단－하단.

58 국회속기록 제15회 제18호, 13면 하단.

5) 손해배상청구권의 제한

원안은 "사용자는 정당한 쟁의행위에 의하여 손해를 받았을 경우에도 노동조합 또는 근로자에 대하여 배상을 청구할 수 없다"(제12조)이고, 정남국 의원 수정안은 "사용자는 정당한 쟁의기간 중에 발생한 쟁의단 측의 일체 쟁의비를 부담하며 휴업 중의 임금을 지불하여야 한다"이며, 최원호 의원 수정안은 "제12조 중 정당한 쟁의행위 …… '정당한'을 삭제하고 …… 경우에도 '도'를 삭제한다"는 것이다.

원안의 입법 이유에 대해서는 사회보건위원장의 심사보고나 제2독회 토론에서 아무런 언급이 없으므로 두 가지 수정안을 중심으로 그 쟁점을 살펴보기로 한다.

(1) 쟁의비 문제의 해결: 정남국 의원 수정안

정남국 의원은 정당한 쟁의행위에 대한 손해배상청구 제한은 "벌써 1세기 전에 전 세계적으로 상식화되고 결정된 문제를 다시 여기서 쓸 필요가 없다고 생각해서 수정안을 낸 것"이라 강조하고, "정당한 쟁의기간 중에 있어서 …… 대개가 공장주는 정확한 쟁의비를 주지 않고 다만 금일봉으로 해결하는 그러한 예가 있어서" 쟁의비 부담과 휴업 중 임금지급 문제를 정당하게 하기 위하여 수정안을 제출한 것이라고 밝혔다.[59]

(2) '부정당한 쟁의행위'에 의한 손해배상청구의 제한: 최원호 의원 수정안

최원호(崔瑗浩, 1898) 의원(김해 갑, 민주국민당, 일본 추오대학 이과전문학부

59 국회속기록 제15회 제18호, 14면 중단-하단.

졸업, 경북도상공국장, 김해산업조합이사)은 "이 12조의 정신이 정당한 쟁의행위에 의해서 손해를 받았을 경우에도 배상을 청구할 수 없다고 했으니까 부정당한 쟁의행위에 있어서 손해배상을 청구할 수 있다는 그러한 해석이 될 수" 있으므로 "5조 단서라든지 6조 1항에 있어서 이러한 부정한 행위는 쟁의행위라고 볼 수 없도록 쟁의행위에서 제외되어 가지고 있는데도 불구하고 그러한 정신에서 만든 조합에다가 어떻게 책임을 지워서 손해배상을 물릴 수가 있느냐"라는 취지에서 수정안을 제출한 것이라고 밝혔다.[60]

(3) 제2차 토론 및 표결과 최원호 의원 수정안 가결

정남국 의원 수정안에 대하여 김지태 의원이 "이것은 한 개의 노동쟁의의 장려가 될 것입니다. 그야말로 일하지 않고 언제든지 노동쟁의를 하고 있으면 쟁의비용도 나올 것이고 또 월급도 나올 것이니까 많은 장려가 됩니다. 그렇기 때문에 이것은 노동쟁의법의 논리에 있어서 맞지 않아요"[61]라고 비판발언을 하였다. 이에 뒤이어 최원호 의원 수정안에 대하여 유승준 의원이 "최원호 씨의 이 법에 있어서 반드시 이 글자 '도'라는 하나, '정당'이라는 두 자가 법의 정신을 좌우할 것"[62]이라고 지지발언을 한 끝에 각 안에 대한 표결에 들어갔다.

그러나 최원호 의원 수정안(재석원수 100인, 가 48표), 정남국 의원 수정안(재석원수 100인, 가 3표), 원안(재석원수 105인, 가 37표)이 각각 과반수 못 되어 미결이 되었다. 그 후 김용우 사회보건위원장이 "최원호 의원의 수정안을 …… 찬성해 주셔도 위원회로서는 이의 없습니다"[63]

---

60 국회속기록 제15회 제18호, 14면 하단－15면 상단.

61 국회속기록 제15회 제18호, 15면 하단.

62 국회속기록 제15회 제18호, 16면 상단.

라고 발언을 한 뒤 행한 제2차 표결에서 최원호 의원 수정안이 압도적 지지로 가결(재석원수 114인, 가 79표)되었다.

4 소결

노동쟁의조정법 제정심의의 핵심쟁점 중에서 전국적 파업을 부정한 원안의 조항을 삭제하자는 전진한 의원 수정안이 가결되고 또한 쟁의행위 중의 일반사업을 공익사업으로 지정하는 것을 방지하는 조항을 신설하자는 전진한 의원 수정안이 가결된 점이 특징이다. 따라서 전국적 파업을 금지하려는 원안의 기본성격은 구조적 변화를 하게 되어 결국 노동쟁의조정법안은 원안에 비해 단체행동권의 자유를 보다 폭넓게 보장하게 된 것으로 볼 수 있다. 그 제정심의의 기타 중요쟁점 중 쟁의행위에 대한 손해배상청구권의 제한 문제에 있어서 최원호 의원 수정안이 가결된 점이 중요한 의의를 가진다. 최 의원 수정안은 표면적으로 보면 원안의 자구수정에 지나지 않는 것 같지만 실질적 측면에서는 '부정당한 쟁의행위'는 "5조 단서라든지 6조 1항에 있어서 …… 쟁의행위라고 볼 수 없도록 쟁의행위에서 제외"되어 있는 점을 예리하게 직시한 법적 함의를 가진 것으로 평가할 수 있다. 이처럼 핵심쟁점 중 두 가지와 중요쟁점 중 한 가지 등 모두 세 가지에 대한 수정안이 가결되고 또한 그 법안의 명칭이 '노동쟁의법'에서 '노동쟁의조정법'으로 변경[64]된 것을 보면 "원안대로 국회를 통과"하였다는

63 국회속기록 제15회 제18호, 16면 중단.

64 국회속기록 제15회 제16호, 2면 중단.

기존의 일부 주장[65]과는 달리 법안의 제정심의 과정을 통하여 원안이 쟁의권의 실질적 확보를 위한 방향으로 상당부분 수정된 것임을 알 수 있다. 노동쟁의조정법 제정심의의 주요쟁점에 대한 참여 의원의 토론내용을 천착해볼 때 그 의원들의 쟁의권 행사의 본질에 관한 체계적인 법적 사고방식, 특히 전진한 의원의 노동운동 경험을 바탕으로 한 단체행동자유권 보장을 위한 논리적 주장이 돋보인다고 생각된다. 또한 견해를 달리하는 의원들이 보여주는 입법자세의 균형감각과 토론의 진지한 열정 등을 그 심의의 두드러진 특징으로 꼽을 수 있다고 생각한다.

제정심의상 드러난 주요 특징들에 대해 평가하면 다음과 같다.

첫째로 토론 과정에서 드러난 논리적·법적 사고방식의 주목할 만한 견해로서 전국적 파업을 긍정하는 엄상섭 의원과 조봉암 국회부의장의 주장과 쟁의행위에 대한 손해배상청구권 제한을 분명히 한 최원호 의원 주장 그리고 직장폐쇄의 개념을 법적으로 명확히 밝힌 김지태 의원의 주장 등이 높은 평가를 받을 수 있으리라고 본다. 엄상섭 의원은 원안의 제6조 제1항 2호의 내용이 '심히 위태롭게' '전국적 규모로 확대시키어'로 추상적으로 규정되어 있으므로 이는 정도의 판단이기 때문에 노동쟁의권을 침해할 우려가 대단히 많은 조문이라고 비판하였다. 조봉암 국회부의장은 노동조합이 연합체를 가지고 있는 이상 같은 종류의 기업체에서 같은 조건으로 투쟁이 일어난다면 필연적으로 자연히 전국적 파업이 일어나는 것은 논리적 귀결이라고 주장하

65 "질의토론과 축조심의를 거쳐 '노동쟁의법'을 '노동쟁의조정법'으로 그 명칭을 고치자는 전진한 의원의 수정안을 받아들이는 것 외에 많은 수정안과 보완책이 제기되었지만 모두 폐기하고 원안대로 국회를 통과하여 노동쟁의조정법이 제정되게 되었던 것이다." 김영태, 「'도큐멘타리' 노동운동 20년 소사(연재 5회): 1950년 4월부터 1953년 4월까지」, 『노동공론』(1972.4), 182면.

였다. 최원호 의원이 원안의 "제12조 중 정당한 쟁의행위 …… '정당한'을 삭제하고 …… 경우에도 '도'를 삭제한다"는 두 단어의 수정을 주장한 것은 원안의 표현대로라면 부당한 쟁의행의에 대해서 손해배상을 청구할 수 있다는 그러한 해석이 가능하므로 이른바 부당쟁의행위는 원안의 규정(제5조 단서, 제6조 제1항)상 쟁의행위 개념에서 아예 제외되어 있기 때문에 그러한 해석의 모순을 지양하려는 취지에서 비롯된 것이라고 풀이된다. 김지태 의원은 이진수 의원 등이 직장폐쇄의 개념을 공장폐쇄와 같은 개념으로 또는 혼동하여 사용하는 점을 지적하여 경영난 혹은 천재지변으로 부득이한 경우에 행해지는 공장폐쇄와 쟁의행의의 대항수단으로서 행하는 직장폐쇄의 개념을 명확히 구분함으로써 그 법적 개념을 분명히 제시하였다.

둘째로 수정안 제출과 토론내용에서 특기할 점은 전진한 의원의 실제 체험과 전문지식을 접목시킨, 쟁의권 보장을 위한 그의 논리적 주장이다. 전 의원은 전국적 파업을 금지하는 것은 쟁의권의 본질적 침해이며 또 개괄적 규정은 자의적인 법률 해석으로 악용될 소지가 있고 그러한 입법례가 거의 없다는 점을 논거로 하여 이의 삭제를 주장했던 것이다. 전 의원은 가능한 한 쟁의권의 실질적 보장을 확보하기 위하여 공익사업만 조정전치주의 적용을 받고 일반사업은 이로부터 해방되어 자유롭게 쟁의행위를 행사하도록 제안했으나 이는 좌절되었다. 다만 쟁의기간 중 일반사업을 공익사업으로 지정함으로써 쟁의행위에 제한이 가해지는 것을 방지하려는 전진한 의원의 주장은 관철되었다. 따라서 단체행동자유권에 본질적 제한을 가하려는 원안에 대항하여 이를 최대의 핵심쟁점으로 부각시켜 뜨거운 논쟁 끝에 결국에는 전 의원의 수정안이 채택됨으로써 쟁의권의 실질적 보장을 어느 정도 확보하게 된 것은 전 의원의 주도적 역할에서 비롯되었다고 볼 수 있다. 그러나 전 의원은 조방쟁의의 경험사례와 총회 개최 자체를 탄압하던 당시의 현실을 바탕으로 쟁의행위의 원활한 행사를 위해, 쟁의기간 중의 근로자에 대해서는 형법적용을 제외하고 또한 쟁의행위의 절차적 제한을 삭제하자고 주장하였지만 '노동 현실관'은 '법치 현실관'에 압도되어 그의 제안은 결국 좌절되고 말았다.

셋째로 원안 제출자인 김용우 사회보건위원장과 자본계를 대표하는 김지태 의원의 입법자세의 균형감각이 돋보이고 또한 핵심쟁점은 2차 표결 끝에 가결되는 등 의원들의 진지한 열정을 높이 평가할 수 있다고 본다. 조정전치주의 적용에 있어서 쟁의기간 중 일반사업의 공익사업 지정 방지를 신설하자는 전진한 의원 수정안이 제1차 표결에서는 미결되었다. 그러나 김용우 위원장은 위원회는 전 의원이 제시한 그런 경우까지는 생각하지 못했기 때문에 이에 별다른 이의가 없다는 발언을 함으로써 결국 제2차 표결에서 전 의원 수정안이 가결되는 결정적 영향력을 행사한 셈이었다. 뿐만 아니라 쟁의행위에 대한 손해배상청구권 제한 문제에 있어서도 원안과 최원호 의원 수정안 그리고 정남국 의원 수정안이 제1차 표결에서는 각각 미결되었다. 그러나 김용우 위원장이 최원호 의원 수정안을 찬성해도 위원회는 이의가 없다는 발언을 함으로써 결국 2차 표결에서 최 의원 수정안이 가결되도록 하는 실질적 영향을 미쳤다고 볼 수 있다. 아무리 전진한 의원 수정안과 최원호 의원 수정안이 합리적이라 하더라도 김용우 위원장이 대승적 견지에서 이를 지지하지 않았더라면 그 수정안이 가결되기는 어려웠을 것이라고 상정할 때 입법자세에 있어서 갖추어야 할 합리적 균형감각이 얼마나 중요한지를 이를 미루어 짐작할 수 있다. 김지태 의원은 앞에서 본 것처럼 직장폐쇄의 법적 개념을 명확히 한 뒤에, 공장폐쇄의 경우에는 노동조합에 기업주가 예고할 의무가 있다는 견해를 표명함으로써 노동계 출신 의원들의 주장과 의견을 같이하였다. 또한 김 의원은 대체근로자의 채용금지 문제에 있어서 경비원의 채용을 통한 직장의 자주적 보존을 주장하면서 그 취지는 과거의 예처럼 기업주가 요청한 경찰의 개입으로 인해 근로자가 많은 희생을 당하는 것을 방지하기 위한 것이라고 밝혔다. 원안에 대해 수정안이 가결된 세 가지 쟁점은 제1차 표결에서 원안과 수정안이 각각 의결정족수 과반수를 획득하지 못해 모두 제2차 표결 끝에 확정된 공통점을 갖는다. 이는 물론 의원들 간의 견해가 첨예하게 대립된 상황을 나타내지만 그만큼 쟁점에 대한 의원들의 진지한 고뇌와 열정이 반영된 것으로도 볼 수 있다. 특히 전국적 파업을 긍정하는 전진한 의원 수정안이 제2차 표결에 붙여진 토론에서 당시 사회를 보던 신익희 국회의장이 조봉암 국회부의장에게 사회를 넘기면서까지 발언을 하였다. 신의장은 파업의 자유원칙 보장과 전국파업으로 인한 국내 사정의 위험은 노동쟁의조정법이 아니라 국가보안법 등에 의해 대처할 수 있다는 점을 주요논거로 전진한 의원 수정안을 지지하는 이례적 자세를 취하였다. 이러한 사실과 신 의장을 비롯한 5명의 의원이 전 의원 수정안 지지 발언을 한 점이 의원 등의 진지한 입법 열정을 뒷받침한다고 볼 수 있다.

마지막으로 지적할 점은 당시 조방쟁의 때 드러났던 무자비한 노동탄압의 현실과 과거 전평 좌익계열의 파괴활동의 영향이 수정안과 원안의 지지 견해를 양분하는 두 갈래 큰 흐름으로서 주요쟁점 심의배경에 깊이 작용하였다는 사실이다. 그럼에도 불구하고 그러한 역사적 유산의 암울한 지형도에서 우리의 풍토에 적합한 노동쟁의조정법을 제정하려는 그 주체적 고뇌와 열정이 나름대로의 운명적 결실을 맺었다는 점을 어찌 과소평가할 수 있겠는가.

5장

노동위원회법 제정

5장에서는 먼저 노동위원회법의 제정경위와 입법정신(제1절)을 살피고 나서, 공정한 노동위원회 구성 문제에 관한 핵심쟁점(제2절)을 고찰한 뒤에, 노동위원회의 자주적 운영 문제에 관한 기타 쟁점(제3절)을 검토하기로 한다.

1 제정경위와 입법정신

1) 제정경위

노동위원회법안은 1951.6.8. 정부안으로 제안되었지만 결국에는 이 정부안을 토대로 국회 사회보건위원회의 심의를 거쳐 1952.11.4. 사회보건위원회안(전문 5장 25조)으로 국회에 제출되었다.[1]

이 사회보건위원회안(이하 '원안'이라 한다)에 대한 수정안으로서 주로 노동위원회의 구성 문제를 핵심사항으로 한, 이진수 의원 외 37인 수정안[2](이하 '이진수 의원 수정안'이라 한다), 전진한 외 40인 수정안[3](이하 '전진한 의원 수정안'이라 한다), 강경옥 의원 외 28인 수정안[4](이하 '강경옥 의원 수정안'이라 한다)이 각각 제안되었다.

노동위원회법안은 노동쟁의법안과 함께 1953.1.24. 제15회 정기국회 제13차 회의에 상정되어 본격적 심의를 계속하여 1953.1.27. 제15차 회의에서 제2독회를 완료하였고, 원안의 두 가지만 수정 가결되어 1953.3.8. 법률 제281호로 공포되었다. 노동위원회법의 제정배경과 그 필요성은 노동조합법을 비롯한 일련의 노동관계법 제정[5]의 경우와 그

---

*이 장에 실린 글은 『서울대학교 법학』, 제47권 제1호(2006)에 실린 「노동위원회법 제정 심의의 쟁점」을 수정, 보완한 것이다.

1 국회속기록 제15회 제13호, 1면 중단－2면 하단; 국회사무처, 『대한민국 법률안연혁집』(1992.5), 3008－3009면.

2 국회속기록 제15회 제13호, 4면 중단－하단.

3 국회속기록 제15회 제13호, 4면 하단－5면 상단.

4 국회사무처 의안과, 의안문서 제8권, 177－179면.

5 노동관계법의 제정배경에 대하여 당시 대한노총 경남지구연맹 위원장이었던 송원도 씨의 증언을 들어보면 다음과 같다. "그 당시 외적으로는 6. 25 동란으로 국가의 운명이

맥락을 같이하기 때문에 이곳에서는 구체적 논의를 피하기로 한다.

2) 입법정신

김익기 사회보건위원장은 법안의 심사보고에서 "노동위원회법안의 목적은 노동행정의 민주화를 위하여 행정관청의 독단을 방지하고 노자(勞資)의 공평을 기함[6]에 있는 것이라고 분명히 밝혔다.[7] 김 위원장은 구체적으로 "사회부가 관권으로서 또는 독단적으로서 조정이나 지도를 할 때가 있는 것은 노동자의 이익을 도모하는 것보다도 오히려 자본, 즉 말하면 사용자의 편을 들어서 사용자의 이익을 도모하는 경향이" 있으므로 "우리 분과위원회로서는 행정관청인 사회부로서는 노동위원회의 결의에 의해 가지고 그 결의에 결정된 바에 의해서 명령 또는 감행할 수 있는 그런 구상"을 한 까닭에 "이 노동위원회법이라고 하는 것은 순전히 노동자를 위해서, 즉 우리나라 대부분의 근로자의 복리를 위해서 이것은 우리 사회보건위원회에서 창안(創案)"한 것이라고 주장하였다.[8]

백척간두에 놓여 있었고 내적으로는 개헌안을 둘러싼 정치파동으로 극히 어수선한 분위기에 있었지만 다수 국회의원들이 노동운동을 법적으로 뒷받침하기 위한 노동법 제정의 필요성을 절실하게 느끼고 있었던 것 같습니다. 이와 같은 필요성은 조방쟁의나 노총분열에서 오는 사회적 물의에서 자극 받았겠지만 생산전선에서 피땀 흘리는 노동자를 위한 기본적인 법 제정 없이는 전쟁위기를 극복할 수 없다는 데서 다른 법 제정에 앞서 노동관계법을 제정하지 않았나 봅니다." 「대한노총 결성전후: 노동운동의 회고담(6)」(1972.5), 168면.

6 국회속기록 제15회 제13호, 7면 상단.

7 사회보건위원회는 노동위원회법안의 제안이유를 "노동운동에 있어 최후수단인 노동쟁의에 있어 이를 조정하고 중재하며 일반노동행정의 민주화를 위한 정책입안 과정에 적극 참여하는 노동위원회를 설치하여 근로자의 사회적·경제적 지위향상과 노자간의 협조를 기하게 하기 위하여"라고 밝혔다. 김영태, 「도큐멘타리 노동운동 20년 소사: 1950년 4월부터 1953년 4월까지」(1972.4), 180면.

2 심의내용의 핵심쟁점: 노동위원회 구성 문제

노동위원회법 제정심의의 핵심쟁점은 공정한 노동위원회의 구성을 위하여 노·사·공익 위원의 구성비율과 그 선출방법을 어떻게 할 것인가의 문제였다.

원안은 "노동위원회는 근로자를 대표하는 자(이하 '근로자위원'이라 한다), 사용자를 대표하는 자(이하 '사용자위원'이라 한다)와 공익을 대표하는 자(이하 '공익위원'이라 한다)의 각 3인으로써 조직한다. 근로자위원은 노동조합, 사용자위원은 사용자단체의 추천하는 자 중에서 중앙노동위원은 대통령이, 지방노동위원과 특별노동위원은 주무장관이 임명한다. 공익위원 중 중앙노동위원은 대통령이, 지방노동위원과 특별노동위원은 주무장관이 임명한다(제4조)"이다.

이진수 의원 수정안은 "제4조를 다음과 같이 수정한다. 노동위원회는 노동자를 대표하는 자(이하 '노동위원'이라 한다) 6인, 사용자를 대표하는 자(이하 '사용자위원'이라 한다) 3인, 공익을 대표하는 자(이하 '공익위원'이라 한다) 3인으로 조직한다. 노동위원은 노동조합이 선출하고 사용자위원은 사용자단체, 공익위원은 주무장관이 추천한다. 전항에 의하여 선출 추천된 각 위원 중 중앙노동위원은 대통령이, 지방노동위원과 특별노동위원은 주무장관이 임명한다"이다. 전진한 의원 수정안은 "제4조 3항을 좌와 여히 수정하고 제4항을 신설한다. 공익위원 중 중앙노동위원은 중앙노동위원 중 근로자위원과 사용자위원의 추천에 의하여 대통령, 지방노동위원과 특별노동위원은 각 해당 노동위원 중

---

8 국회속기록 제15회 제13호, 6면 하단—7면 상단.

근로자위원과 사용자위원의 추천에 의하여 주무장관이 임명한다. 공익위원은 그중 2인 이상의 위원이 동일한 정당 혹은 사회단체에 속하여서는 아니된다"이다. 강경옥 의원 수정안은 "제4조를 좌와 여히 수정한다. 노동위원회는 근로위원(근로자를 대표하는 자), 기업위원(기업을 대표하는 자), 공익위원(공익사업을 대표하는 자) 각 3인으로 조직한다. 근로위원은 노동조합에서, 기업위원은 기업자단체에서, 공익위원은 공익사업단체에서 각기 추천하고 대통령이 이를 임명한다"이다.

각 수정안의 원안과 다른 주요한 차이점을 밝혀보면 다음과 같다. 이진수 의원 수정안은 근로자위원을 6인으로 하며, 근로자위원은 노동조합이 선출하고 공익위원은 주무장관이 추천하여 각각 임명한다는 점이 원안과 구별된다. 전진한 의원 수정안은 공익위원은 해당 노동위원 중 근로자위원과 사용자위원의 합의에 의하여 추천하며 또한 2인 이상의 공익위원이 동일한 정당 혹은 사회단체에 속하는 것을 금지한다는 점이 원안 및 이진수 의원 수정안과 근본적으로 다르다. 강경옥 의원 수정안은 사용자위원을 기업위원으로 명칭을 바꾸고 기업위원은 기업자단체에서 공익위원은 공익사업단체에서 각기 추천하여 모두 대통령이 임명한다는 점이 원안과 다르다.

1) '공정한 위원회'의 구상: 원안

(1) 원안의 주장

김용우 의원은 "노동위원회법안 중 제4조가 노동위원회에 대한 모든 기능을 발휘할 수 있는 중요한 조항"이라 전제하고 "노동위원회는 할 수 있는 대로 공정한 …… 노동자를 위하는 것도 아니고 기업자를 위하는 것도 아닌 공정한 위원회를 만들어보자고 구상"했던 것이기 때문에 "우리는 어디까지나 공정한 구상을 해서 이 3, 3, 3의 비율로 제정하게 된 것"이라고 노동위원회 구성의 입법취지를 밝혔다.[9] 김익기 사회보건위원장은 법안의 심사보고에서 "공익위원은 이것은 행정부에서 자의(自意)로 공정히 노동운동을 정당시하고 정당히 비판하고 해결할 수 있는 사람 중에서 임명"[10]하게 한 것이라고 공익위원 선출방법 취지를 설명했다.

(2) 찬성 견해

이용설(李容卨, 1895) 의원(인천 갑, 무소속, 세브란스의학전문학교 졸업, 세브란스의과대 학장)은 원안 찬성의 구체적 논거를 제시하지 않았지만, 입법 자세에 있어서 "야합이 있겠고 매수가 있겠으니까 이렇게 이렇게 해야 한다는 설명을 해가지고 법을 법대로 만들지 않겠다고 하는 경향이 보이기 때문에 …… 공정한 입법에서 가장 법이 바로 운영될 것을 기준으로 해서 법을 만들 그러한 입장에 있는 여러분이라는 것"을 환기시키며 원안을 찬성하였다.[11]

2) '사용자와 공익위원의 유착' 방지: 이진수 의원 수정안

(1) 이진수 의원 주장

이진수 의원은 "노동위원회의 구성요소에 있어서 …… 절대적 안정성을" 기하기 위하여 "노동자의 심리적 안정을 절대로 보장해주는 위원회의 멤버가 구성돼야 될 것"이라 전제하고, 공익위원은 "엄정중립을

---

9 국회속기록 제15회 제15호, 9면 중단－하단.
10 국회속기록 제15회 제13호, 7면 하단.
11 국회속기록 제15회 제15호, 12면 상단.

취해서 노동자와 사용주 사이에 이해 상반되는 문제를 조정해야 할 터인데 …… 통상 예를 볼 적에 사용자를 옹호하는 공익위원이 보편적"이라고 지적하면서 "사용자와 공익위원이 야합 또는 옹호할 우려를 우리는 여기에다가 단정을 짓지 않아서는" 안 되기 때문에 수(數)의 문제에서 대등한 지위를 확보하기 위하여 수정안을 제출한 것이라고 밝혔다.[12]

(2) 찬성 견해

임용순 의원은 자신이 과거 노동조정위원[13]으로서 실지로 경험한 사실을 토대로 "늘 이 공익을 대표하는 사람이 혹은 물질이나 여러 가지 관계에 기업 측에 야합 또는 매수당한 일이 많아 …… 모든 가지 노동자에 대한 일이 언제든지 표결에 붙인다면 숫자가 적기 때문에 노동자가 요구하는 일은 늘 많이 실패하는 사실"[14]을 주장하여 이진수 의원 수정안을 찬성하였다. 유승준 의원은 이진수 의원 수정안이 "가장 현실적인 동시에 노동조합으로서의 사명에 신의를 줄 수 있는 안"[15]이라는 점에서 찬성하였고, 조광섭 의원은 과거 공익의 대표자가 사용자 주장에 많이 동조한 구체적 예[16]를 들어 이 수정안에 찬성하였다.

---

12 국회속기록 제15회 제15호, 7면 상단–중단.

13 당시 '노동조정위원회'의 구성에 관한 임용순 의원의 다음 발언을 주목할 필요가 있다. "삼척에는 약 만 명 이상이 가는 노동자가 있기 때문에 8. 15 해방부터 오늘날까지 노동쟁의라든가 여러 가지 문제가 상당히 야기되었습니다. 또 그 당시에 나도 조정위원의 한 사람으로서 중대한 역할을 해본 실지의 경험이 있습니다. 그 당시의 조정위원은 군별(郡別)로 되어 있어서 공익을 대표하는 사람이 두 사람이고 근로자를 대표하는 사람이 두 사람이고 사용자를 대표하는 사람이 세 사람 약 7인이 노동조정위원회를 구성해서 그 당시의 여러 가지 문제에 많이 이러한 조정을 해봤습니다." 국회속기록 제15회 제15호, 8면 하단–9면 상단.

14 국회속기록 제15회 제15호, 9면 상단.

15 국회속기록 제15회 제15호, 10면 중단.

(3) 반대 견해

임기봉 의원은 이진수 의원 수정안이 내용면에서는 일단 공정한 것이라고 인정하면서도 "대체적으로 우리가 제3자로 볼 때에 언뜻 선입관념이 한편에는 여섯 사람 또 한편에는 세 사람 세 사람 이렇게 하니까 여섯 사람이라는 숫자를 갖다가 노동자에게 준다고 하는 것은 너무나도 권한을 과도하게 부여한 그러한 감을 느끼지 아니할 수가 없다"[17]고 하여 이 안을 반대하였다.

김용우 의원은 이진수 의원의 주장에 대하여 "만약 야합하는 염려를 한다고 할 것 같으면 공익위원만이 야합할 수 있고 매수를 당할 수 있고 노동자를 대표하는 위원은 야합이나 또는 매수를 당하지 않는다고 하는 것도 보장하지 못할 것"이라 지적하고 "만일 여기에 기형적인 매수공작이라든지 야합이라든지 이러한 것을 생각한다고 할 것 같으면 여기 노동위원회위원을 아홉 다 노동자의 대표로 한다고 하더라도 거기에 대한 확정한 틀림없이 그러한 변동 또는 매수 이러한 것이 효과를 나타내지 않는다고 하는 그러한 보장도 할 수 없을 것"이라고 주장하면서 이 안을 반대하였다.[18]

이용설 의원은 "만일 우리가 법을 낼 적에 여러분이 말씀한 것과 같이 야합이 있겠다 혹은 매수가 있겠다 그러니 수효를 어느 쪽에는 많이 하고 어느 쪽에는 적게 해야 되겠다고 하는 …… 그 법을 이용하

---

16 조광섭 의원은 "변호사도 급사 하나라도 다 데리고 있으니까 그런지 이분들이 해석을 하는 것이 언제나 노동자한테 불리한 이러한 해석을 많이 보았습니다. 또한 여기에 의사도 계셨습니다. 의사도 공익의 대표라고 해서 과거 군정시대에 노동위원회에 많이 나왔습니다. 그때 그분들은 간호부나 조수를 보아서 그런지 늘 피용자 입장을 이탈해 가지고 사용자 입장에서 나온 것이 늘 있었습니다"라고 주장하였다. 국회속기록 제15회 제15호, 12면 중단.

17 국회속기록 제15회 제15호, 8면 중단.

18 국회속기록 제15회 제15호, 9면 하단.

는 사람들이 협잡을 하겠으니까 이렇게 만들어야 되겠다고 하는 입법 정신은 도저히 용인할 수 없는 설명이라고 저는 보아요. 만일 이렇다고 하면 법을 만들 필요가 없어요"[19]라고 그 입법 자세를 비판하면서 이진수 의원 수정안을 반대하였다.

3) 공익위원 선정의 '공평한 타협책': 전진한 의원 수정안

(1) 전진한 의원 주장

전진한 의원은 공익위원 선정의 공정성을 확보하기 위하여 "공익위원을 양편이 공동으로 인정하는 사람"을 내고 또 "한 단체가 두 사람 이상 못 내도록" 하자고 주장하였다.[20]

> 추천은 말이지요 공익위원을 양편이 공동으로 인정하는 사람을 내자는 것입니다. 자본가 측에서 지지하는 사람은 노동자 측에서 낼 수 없을 것이고 노동자 측에서 지지하는 사람은 자본가 측에서 낼 수 없는 일이라고 생각합니다. 그렇다면 관청이 막 낸다 하더라도 불평이 있으니까 양측이 승인하는 사람을 공익위원으로 내자 …… 이와 같이 서로 공평한 타협책으로서 이러한 수정안을 내놓은 것입니다. …… 만약 공익위원을 한 당파나 한 단체에서 두 사람 이상 낼 지경이면 좀 여기에 혹은 그 정당의 이익이나 혹은 그 사회단체의 이익

---

19 국회속기록 제15회 제15호, 11면 하단. 이용설 의원이 이진수 의원 수정안의 입법 자세를 비판하면서 노사 양측을 배제한 공익위원만의 노동위원회 구성을 다음과 같이 주장한 점이 독특하다. "노동쟁의에 관해서 가장 중대한 조정하는 임무를 가지는 이 위원회는 노무자 측에서도 나올 필요가 없고 사용자 측에서도 나올 필요가 없고 이것은 반드시 공공기관에서 사회에서 가장 공정하다고 보는 사람들이 위원회로서 구성이 되고 다만 사용자 측에서 한 사람쯤 노무자 측에서 한 사람쯤 나와서 자기네 입장을 설명하는데 불과해야 옳다." 국회속기록 제15회 제15호, 11면 하단.

20 국회속기록 제15회 제15호, 5면 중단.

이나 혹은 그 단체의 정치력에 따라서 공익위원의 의향이 좌우될 우려가 있기 때문에 이것을 한 단체가 두 사람 이상 못 내도록 규정한 것입니다. 결국 제가 제출한 수정안으로 말하면 가장 양보적이고 타협적인 것입니다.

(2) 찬성 견해

① 전체 찬성

장건상(張建相, 1883) 의원(부산 을, 무소속, 미국 인디애나주립대학 법과 졸업, 임정국무위원, 조선인민당 부당수)은 "이 공익대표를 노동자가 찬성하지 아니하는 대표가 만일 나온다고 하면 그것은 사용자 측 대표하고 합의가 될 게 사실입니다. 그러고 보면 2 대 1입니다. 그렇게 되면 노동운동을 절멸시키는 것입니다"라고 지적하고 "공익대표라고 하면 완전한 참 공정한 사람일 것입니다. 공정한 사람이라고 하면……일단 사회에서 다 인정하는 인물이니만큼 이 사람의 의견이라면 쌍방이 다 자인할 것입니다"라고 하여 노사쌍방의 동의를 얻기가 어렵지 않다고 주장하면서 전진한 의원 수정안을 찬성하였다.[21]

임기봉 의원은 "노동위원회가 구성되는 것은 우리 사회적 문제에 중대한 혁신체를 해결하고 또는 해결하지 못하는 중요한 직제"[22]라고 지적하고 "노동자 측에서도 인정을 받을 수가 있고 기업주 측에서도 인정을 받을 수가 있고 이러한 합의를 본 사람이 나오면 우리가 대의명분으로 보나 그 내용면에 들어가서 직제로 볼 때에 가장 원만하고 타당한 직제라고 우리가 아니 볼 수 없는 것"[23]이라고 하여 전진한 의

---

21 국회속기록 제15회 제15호, 6면 하단-7면 상단.

22 국회속기록 제15회 제15호, 8면 상단.

23 국회속기록 제15회 제15호, 8면 중단-하단.

원 수정안을 지지하였다.

정남국 의원은 "여러 가지 노동법을 해서 노동자의 단체교섭과 기타 행동자유에 대한 보장을 인정해 놓았지만 결국 이것을 살리는 것은 노동위원회가 전부 기능을 발휘합니다. 쌍방에서 어느 정도 합의를 보지 못한 사람이 나오면 아무 소용이 없어요"라고 주장하며 전진한 의원 수정안을 지지하였다.[24]

② 부분 찬성

원안을 찬성한 김용우 의원은 전진한 의원 수정안 중 "어떠한 정당이나 또는 1개 단체에 두 사람 이상의 공익위원을 두지 않도록 하는 것이 좋겠다, 이것은 당연한 주장이라고 생각합니다. 그때 재작년 여름에 이것을 심사했는데 그때는 특히 어떠한 정당이나 단체에 대한 그러한 심각한 생각은 하지 않았습니다. 그랬기 때문에 그러한 명문을 이 조항에 넣지 않았는데 그 후에 여러 가지 정세를 볼 적에 역시 그러한 점도 참작하는 것이 앞으로의 공평을 기하는 데에 필요"[25]하다고 하면서 이 부분에 대해서는 찬성을 하였다. 이진수 의원 수정안을 지지한 유승준 의원도 "김용우 의원께서 말씀하신 전진한 의원이 내신 한 당에서 두 사람이 나올 수 없다고 하는 것은 본 의원도 찬의를 표하는 바이올시다"[26]라고 이를 찬성하였다.

(3) 반대 견해

김익기 사회보건위원장은 공익위원은 "대통령이나 주무장관이 공정

---

24 국회속기록 제15회 제15호, 11면 중단.
25 국회속기록 제15회 제15호, 10면 상단.
26 국회속기록 제15회 제15호, 10면 하단.

한 입장에서 임명한 사람 같으면 모든 일을 처리하는데 가부를 판단하는데 자기의 양심에 비추어 가지고 일을 하기가 용이하겠지만 노동자대표, 사용자대표 쌍방의 추천을 받아 가지고 임명을 받았다고 할 것 같으면 노동자의 불이익에 조금이라도 간섭하기가 대단히 입장이 곤란할 것"이기 때문에 "이것은 이론적으로 보아서는 대단히 좋을는지 모르지만 실질적으로 일을 하는 데 있어서는 아마 어렵지 않은가 이런 생각"을 해서 이를 반대한다고 밝혔다.[27] 노사쌍방의 합의에 의한 공익위원 추천에 대해 김용우 의원은 "이것은 용이한 문제가 아니고 결국은 임명하는 사람이 마음대로 할 수 있는 문제"[28]라는 점을 들어, 또한 유승준 의원도 "이것이 실지에 있어서 어떻게 적용되며 어떻게 운용되느냐 하는 점을 볼 적에 이것은 대단히 이상적으로는 좋으나 실지에 있어서는 거의 불가능에 가까운 일"[29]이라는 이유로 이를 각각 반대하였다.

4) '노사대등 입장과 노동쟁의 중요성'의 강조: 강경옥 의원 수정안

(1) 강경옥 의원의 주장

강경옥 의원은 사용자라 하는 문구는 "옛날 노예시대를 연상할 수 있을만한 …… 즉 대등한 입장이 아니고 한층 계급적으로 밑에 있는 사람을 부려먹는다 즉 사환 노릇을 시킨다, 그러한 인상을 갖게 되기 때문에" 사용자위원 명칭을 기업위원으로 바꾸고, "각기 3방면에서 각

27 국회속기록 제15회 제15호, 6면 상단−중단.
28 국회속기록 제15회 제15호, 10면 상단.
29 국회속기록 제15회 제15호, 10면 중단.

기 추천을 받은 분을 대통령께서 임명한다. 이러한 구상"을 한 것은 "노동위원회라는 것은 아시다시피 노동쟁의가 생길 때에 특별히 중요한 문제를 의결하는 그러한 기관이기 때문에 이렇게 국가적으로 중요성을 띨 수 있을 만큼한 그러한 법체계에 필요하다고 생각"한 것이라고 각각 자기주장의 이유를 피력했다.[30]

(2) 반대 견해

김익기 사회보건위원장은 강경옥 의원 수정안에 대해 "일전에 통과한 노동조합법 중에 이 법률용어가 전부 사용자"로 되어 있는 까닭에 "아마 법의 체계상 그대로 원안이 있어야만 법의 통일이 될 것"이라고 밝히고, "저 지방말단에 있는 노동위원까지도 대통령이 임명한다 그럴 필요가 없다"고 본다면서 또한 "공익사업단체에서 공익위원을 추천한다. …… 아마 공익사업단체를 우리가 지명하기가 대단히 곤란할 것"이라고 주장하여 이를 반대하는 견해를 표명하였다.[31]

5) 사회자의 이례적 발언과 원안의 가결

토론종결 후 사회를 보던 윤치영 국회부의장은 표결에 앞서 "사회로 말씀하기 대단히 미안하다"라고 전제한 뒤, "우리는 이번 대한민국헌법으로서 발췌안이 통과된 후에 기형적 조문이 있는 것을 잘 알고" 있다고 하면서 "영국의 '애트리' 내각이 노동당 내각이지만 …… 도리어 결과에 있어서 일본보다도 산출하는 물건이 뒤떨어지고 모든 손해

30 국회속기록 제15회 제15호, 4면 하단–5면 상단.
31 국회속기록 제15회 제15호, 5면 하단.

가 있는 것을 여러분이 생각하실 줄 알고 표결에 앞서 여러분에 말씀 드린다"고 표결에 중대한 영향을 미칠 발언을 하였다.

뒤이은 표결에서 강경옥 의원 수정안이 미결(재석원수 112인, 가 4표) 되고 전진한 의원 수정안도 미결(재석원수 112인, 가 47표)되는 한편 이진수 의원 수정안 역시 미결(재석원수 112인, 가 27표)되어, 원안이 가결(재석원수 112인, 가 59표)되었다.

3 심의내용의 기타 쟁점: 노동위원회의 운영 문제

1) 노동위원회의 자주성

원안은 "노동위원회는 소관행정관청이 관리한다(제2조)"이고, 이진수 의원 수정안은 이 조항을 삭제하자는 것이다.

(1) '특수 관청'의 보호관리: 원안

김익기 사회보건위원장은 법안의 심사보고에서 "노동위원회 이 법의 성격을 …… 일종의 특수 관청으로 이렇게 구상했던 것"으로 "직접 이것은 명령권이 있는 것보다도 위원회의 결의에 따라서 주무장관 사회부장관이 이것을 시행"하도록 했기 때문에 "이 노동위원회의 결의는 노동자의 복리를 위해서 절대적인 힘을 우리가 부여해보고자 하는 그런 취지하에서 만든 법안"이라고 밝혔다.[32] 또한 김 위원장은 제2독회 토론에서 제2조의 삭제 주장에 대해 "이 관리라고 하는 것은 감독이

32 국회속기록 제15회 제13호, 7면 상단-중단.

나 또는 노동위원회를 억압하는 의미의 관리가 아니고 산파역이나 또는 유지를 하기 위한 관리"이므로 "노동위원회가 스스로 창설될 때까지의 산파역을 해야 되겠고 따라서 유지가 되면 앞으로 그 노동위원회를 지키고 일이 잘 되도록 보호해줄 그 관리를 말하는 것"이라고 해명하였다.[33]

(2) 자주기관의 독립성: 이진수 의원 수정안

이진수 의원은 "위원회 자체가 한 자주적인 기관으로서 독립성을 띠고 있어야 할 것"이라고 전제하고 "이제 위원장 말씀이 보호육성해서 자주적이 될 때까지 행정관청의 관리 하에 둔다고 말씀했는데 그렇다고 하면 지금 정부에 있는 기구를 볼 적에 …… 감찰위원회라든지 그런 독립성을 띤 그런 기구로 해야 하며 또 이 노동위원회 자체가 노동자의 대표와 사용주의 대표, 공익기관의 대표로 구성되어서 한 자주적이 됨으로써 감독할 필요가 없다"고 주장하였다.[34]

(3) 원안의 가결

이진수 의원 수정안이 미결(재석원수 111인, 가 5표)되고, 원안이 가결(재석원수 111인, 가 68표)되었다.

2) 공익위원 중의 위원장 선출

원안은 "노동위원회에 위원장 1인, 부위원장 1인을 둔다. 위원장과 부

33 국회속기록 제15회 제15호, 3면 상단-중단.
34 국회속기록 제15회 제15호, 3면 중단.

위원장은 위원이 공익위원 중에서 선거한다(제6조)”이고, 이진수 의원 수정안은 “노동위원회는 위원장 1인, 부위원장 1인, 서기장 1인을 선출한다”로서 그 핵심은 원안의 위원장과 부위원장을 ‘공익위원 중에서 선거’한다는 것을 삭제하자는 것이다.

(1) ‘편견적 입장’의 지양: 원안

김익기 사회보건위원장은 법안의 심사보고에서 근로자위원이나 사용자위원이 위원장 또는 부위원장이 될 수 없도록 규정한 취지에 대하여 “언제나 노자가 투쟁이 생길 때에는 근로자는 근로자의 복리를 위해서 사용자는 사용자의 입장에서 사용자의 복리를 위해서 이것이 항상 편견적인 입장에 서기 쉬운 까닭에 반드시 이것은 공익위원 중에서 위원장 부위원장을 선택하기로 이렇게 규정”[35]을 한 것이라고 밝혔다.

(2) ‘민주주의원칙’의 적용: 이진수 의원 수정안

이진수 의원은 “야합 또는 오합(烏合)이라는 것을 동지들은 부인하는 것 같습니다만 현실문제 우리가 법을 제정할 적에 현실을 망각하고 법을 제정할 수 없는 것”이라 전제하고 “현실에 일어나는 파생되는 이러한 문제를 법으로 조정할 수 있고 보호 육성할 수 있다는 입법정신에 입각한다면 …… 여기에 있어서 공익위원 중에서 위원장을 선거한다. …… 민주주의원칙 밑에 공익위원을 딱 박아 두었다고 하면 이것은 관제위원밖에 안 되는 것”이라 지적하였다.[36] 이 위원은 나아가

---

35 국회속기록 제15회 제13호, 7면 하단.

36 국회속기록 제15회 제15호, 13면 중단.

"만약 엄정한 중립에 있어서 노동자를 위하는 훌륭한 공익위원이 엄정한 입장에서 나왔다고 할지라도 수에 지는 것"으로 되어 "야합이 되며 만약 야합이 안 된다고 할지라도 안 되더라도 독재할 용의가 있기 때문"에 수정안을 제출한다고 그 이유를 밝혔다.[37]

(3) 원안의 가결

이진수 의원 수정안은 미결(재석원수 115인, 가 13표)되고, 원안이 가결(재석원수 115인, 가 71표)되었다.

3) 중앙노동위원회의 재심사 개시요건

원안은 "중앙노동위원회는 지방노동위원회 또는 특별노동위원회의 처분을 재사하여 취소승인 또는 변경하는 권한이 있다. 전항의 재심사는 지방노동위원회는 특별노동위원회의 처분이 있은 후 2주일 이내에 당사자의 일방의 신청이거나 또는 직권으로 행한다(제19조)"이다. 강경옥 의원 수정안은 제19조 중 승인 또는 변경하는 권한이 있다"를 "승인 또는 변경할 수 있다"로 수정하고, 전항의 재심사는 …… 2주일 이내에 당사자의 일방의 신청이 있거나 또는 직권으로 행한다"를 "전항의 재심사는 …… 2주일 이내에 당사자로서의 신청 유무를 불문하고 차(此)를 행한다"로 수정하자는 것이다. 전진한 의원 수정안은 제19조 제2항을 "전항의 재심사는 …… 2주일 이내에 일반사업에 관한 처분에 있어서는 당사자의 쌍방, 공익사업에 관한 처분에 있어서는 당사자의 일방의 신청이 있거나 또는 직권으로 행한다"이다.

---

37 국회속기록 제15회 제15호, 13면 하단.

(1) 원안의 '자구수정': 강경옥 의원 수정안

강경옥 의원은 자신의 수정안은 원안과 별로 다른 것이 없고 자구수정을 한 것이라 설명하면서 제19조 제1항의 "이 권한이라고 하는 문구는 안 할지라도 할 수 있다고 하는 권한이 있는 것을 의미하는 것"이므로 "권한이라고 하는 것을 쓰지 않는 것이 좋을 것 같아서 변경할 수 있도록 수정"한 것이라고 밝혔다.[38] 강 의원은 제19조 제2항의 취지는 "그 양편에 트러블이 생길 때에 어느 편에 의해서 할 수 있다고 하는 것인데 또 한편에서도 아무것도 없을 때에는 직권으로서 할 수 있다고 하는 것"이므로 "결국 당사자의 신청이 있건 없건 이유를 불구하고 재심사를 할 수 있다, 이렇게 좀 알기 쉽게 자구를 수정한 것"에 지나지 않는다고 말했다.[39]

(2) '일반사업과 공익사업'의 구분: 전진한 의원 수정안

전진한 의원은 수정안 제출이유를 다음과 같이 밝혔다.[40]

> 일반사업에 관한 처분에 있어서는 쌍방이 해야 되고 공익사업에 관해서는 당사자의 일방으로 하든지 직권으로 할 수 있다고 하는 것입니다. 무슨 말씀이냐 하면 일반사업에 있어서는 처음에 문제를 중재를 해달라고 요청할 때에도 일반사업은 쌍방이 다 요청할 때에 중재를 하자는 것입니다. 그리고 공익사업은 양편이 다 요청하든 안 하든 공익상 중대한 문제이기 때문에 직권으로서 중재를 붙일 수 있고 한편에서 일방에서 요청해도 중재를 붙일 수 있는 것입니다. 그러면서 이 재심에 대해서도 제 일심과 마찬가지로 공익사업에 대해서는

38 국회속기록 제15회 제15호, 16면 상단.

39 국회속기록 제15회 제15호, 16면 상단–중단.

40 국회속기록 제15회 제15호, 16면 중단.

재심을 능히 노동위원회의 권한으로 할 수 있고 또 일방만 요청해도 할 수 있겠지만 일반사업에 있어서는 원(原) 초심과 마찬가지로 역시 쌍방이 요청할 때에 결국은 노동위원회에서 재심하도록 하는 것이 양편이 다 공평하다고 해서 이와 같은 수정안을 낸 것입니다.

(3) 원안의 가결

강경옥 의원 수정안이 미결(재석원수 119인, 가 6표)되고 전진한 의원 수정안도 미결(재석원수 119인, 가 18표)되어, 원안이 가결(재석원수 119인, 가 78표)되었다.

4) 공익위원만의 처분회의

원안은 "노동위원회는 위원 3분지 2 이상의 출석과 출석위원 3분지 2 이상의 결의로 일정한 사항에 관한 처분에 공익위원만이 참여할 것을 결정할 수 있다. 이 경우에 있어서도 결정에 앞서 행하는 심문에 근로자위원 또는 사용자위원이 참여할 수 있다(제20조)"이고, 이진수 의원 수정안은 이 조항을 삭제하자는 것이다.

(1) '노사 극단투쟁' 경우의 공평성 지향: 원안

김익기 사회보건위원장은 법안의 심사보고에서 "극단의 노동쟁의가 전개될 때 노동자는 노동자 자체의 복리만으로서 도저히 타협될 수 없는 투쟁을 할 때에는 또는 사용자 자체는 사용자 자체의 복리를 위한 이권을 위한 투쟁만을 목적으로 할 때에 이것은 도저히 회의가 온당하게 순조로이 진행되지 못할 …… 그 경우가 반드시 있으리라고 인정된 까닭에 공익위원만의 결의로서 이 전체의 노동위원회를 대표할 수 있게끔"[41] 규정을 하였다고 밝혔다. 이때 "타 위원도 참여해서 모든 사태를 참관할 수 있게끔" 하도록 규정한 취지에 대하여 김 위원장은 "공평성을 가지고 쟁의를 조정하는 데 성의와 양심적 태도를 취하느냐 안 취하느냐 하는 것을 일종의 감시 또는 선의로 해석한다면 좋은 의미의 판결이 내리기를 원한다고 하는 열의를 돕고자 하는 의미에서 참석할 수 있으나 …… 공익위원의 회의의 결의에는 참가할 수 없게끔" 한 것이라고 설명하였다.[42]

(2) '불필요한 조문'의 삭제: 이진수 의원 수정안

이진수 의원은 "이것은 연문(衍文)이올시다. 필요 없는 조문"이라고 주장하면서 "다만 마지못해 이런 대회에 한해서 노동위원회가 심문 …… 근로자위원 또는 사용자위원도 참여할 수 있다. …… 당연히 참여해야 합니다. 공익위원만을 가지고 이 이해관계를 생각해서 그것을 결정하고 …… 그 결정하는 가운데에 공익위원만을 가지고 이 문제를 해결할 필요가 없는 것입니다"라고 그 삭제의 이유를 제시하였다.[43]

(3) 원안의 가결

이진수 의원 수정안은 미결(재석원수 119인, 가 5표)되고, 원안이 가결(재석원수 119인, 가 87표)되었다.

---

41 국회속기록 제15회 제13회, 8면 하단.

42 국회속기록 제15회 제13회, 8면 하단.

43 국회속기록 제15회 제15호, 16면 하단－17면 상단.

5) 노동위원 '공무원' 신분

원안은 "노동위원회의 위원은 그 신분에 있어서는 공무원으로 한다.(제9조)"이고, 전진한 의원 수정안은 이 조항을 삭제하자는 것이다.

원안의 주장이유는 법안의 심사보고나 제2독회 토론 과정에서 제시되지 않았다. 원안의 이 조항을 삭제하자는 전진한 의원의 주장은 다음과 같다.[44]

> 그 사람들이 여러 가지 지금까지의 직업관계라든지 또는 공무원이 되기 싫어하는 사람도 있을 것이고 이 위원회 자체가 한 개의 행정 관청에 직속만 하는 어느 정도의 독립적 생명을 주기 위해서 만든 것인데 공무원법에 의해서 이 사람들이 역시 행동의 제약을 받게 됩니다. 공무원은 다른 사회단체의 행동을 하지 못하게 되어 있습니다. 그러니 우리가 어떠한 단체의 유능한 사람을 위원으로 냈을 때에 그이는 부득이 그 단체에서 단체행동을 못하게 돼요. 그리고 공무원의 제약까지 받아야 되니까 인선하는 범위가 국한되고 수락하지 않는 사람도 많을 것이고 그런 의미에서 이 사람들이 완전히 공익을 위해서 사회에 봉사할 수 있게 해주어야 각 방면에서 우수한 인재를 마음대로 선택할 수 있습니다. 그런 의미에서 공무원법을 적용하는 것을 삭제해 달라 그것입니다.

전진한 의원 수정안이 가결(재석원수 112인, 가 66표)되었다.

---

44 국회속기록 제15회 제15호, 14면 상단-중단.

6) 위원회의 회의소집

원안은 "노동위원회의 회의는 위원장이 소집한다(제11조)"이고, 이진수 의원 수정안은 원안의 본문에 "단 위원장은 노동위원회의 과반수 위원이 회의소집을 요청할 때에는 이에 응하여야 한다"라는 단서조항을 신설하자는 것이다.

이진수 의원은 "만약 위원장이 회의를 소집 안 할 때에 노동위원 과반수가 이유를 구비해 가지고 소집을 요청할 때에는 위원장은 반드시 거부 못하고 위원장을 견제하는 노동위원회를 소집해야 한다는 단항"을 신설하는 것이라고 밝혔다.

이진수 의원 수정안이 가결(재석원수 115인, 가 80표)되었다.

7) 위원회의 의결정족수

원안은 "노동위원회는 위원정수 과반수의 출석과 출석위원 과반수로서 의결을 행한다(제12조 1항). 의결을 행할 때에는 근로자위원과 사용자위원 각 1인 이상이 출석하여야 한다. 단 근로자위원 또는 사용자위원이 위원장의 2회 이상의 출석통지를 받고 정당한 이유 없이 출석하지 아니할 때에는 예외로 한다(제12조 2항)"이다. 이진수 의원 수정안은 원안 제12조 2항의 본문을 "의결을 행할 때에는 노동자위원 2인 이상과 사용자위원 1인 이상이 출석하여야 한다"로 바꾸고, 그 2항의 단서를 삭제하자는 것이다.

이진수 의원은 수정안 제출이유를 다음과 같이 밝혔다.[45]

---

45 국회속기록 제15회 제15호, 15면 상단.

제2항에 대한 것은 노동자위원 2인 이상 사용자위원 1인 이상이라고 한 것인데 아까 말씀드린 바와 같이 결국 본 위원회는 노자문제가 충돌이 생겼을 때에 일어나기 때문에 노동자위원과 사용자위원이 안 나오면 상말로 원피고가 안 나오면 위원회가 구성되지 않습니다. 그런 일이 없도록 한 것이 수정안이올시다. 그 다음에 단항은 이해관계가 있는 위원이 자기의 억울한 것을 호소하기 위하여 노동위원회에 안 나올 리가 없습니다. 여기에 원안에 여분(餘分)이라고 생각했기 때문에 삭제를 주장한 것입니다.

이진수 의원 수정안은 미결(재석원수 113인, 가 10표)되고, 원안이 가결(재석원수 123인, 가 78표)되었다.

4 소결

노동위원회법 제정심의의 최대 쟁점은 노동위원회 구성의 노·사·공익 위원의 구성비율과 그 선출방법이었으며 다른 주요쟁점은 중앙노동위원회의 재심사 개시요건과 공익위원만의 처분회의 등 일곱 가지로 집약될 수 있다. 그러한 쟁점 중 노동위원의 공무원 신분과 노동위원회 회의소집 등 두 가지에 대해서만 수정안이 가결되고 나머지는 모두 원안대로 가결되었다.

이처럼 노동위원회의 구성 문제가 핵심쟁점이 되었던 것은 노동쟁의의 조정과 중재 그리고 노동조합법에서 정한 사항의 심사결의가 노동위원회의 권한으로 규정되어 있기 때문이다. 따라서 노동위원회의 '자주적이고 공정한' 성격 자체 여부는 특히 단체행동의 자유를 비롯한 노동조합 활동의 실질적 보장과 직결되는 결정적 관건으로 작용하기 때문이었다. 공정한 노동위원회의 구성을 둘러싸고 원안과 수정안 지지 측이 첨예하게 대립되었던 점은 결국 공익위원의 신뢰에 대한 양측의 시각 차이 때문인 것으로 풀이된다. 원안지지 측은 공익위원이 노동과 자본의 일방적 이익에 편중되지 않는, 즉 "노동자를 위하는 것도 아니고 기업자를 위한 것도 아닌" 공평한 제3자로서 공정한 노동위원회의 기능을 수행할 것을 기대하는 신뢰를 기초로 하고 있다. 따라서 원안지지 측은 노·사·공익 위원의 수를 각각 3, 3, 3으로 하는 한편 공익위원의 선출은 "공정히 노동운동을 정당시하고 정당히 비판하고 해결할 수 있는 사람 중에서" 행정부가 임명하는 방법을 찬성하였다.

이에 반하여 수정안지지 측은 실제의 노동운동 경험과 당시 '노동조정위원회'의 운영 상황을 바탕으로 "통상의 예를 볼 적에 사용자를 옹호하는 공익위원이 보편적"이라고 주장하며 공익위원에 대한 강력한 불신을 가지고 있었다. 그렇기 때문에 수정안지지 측은 자본 측에 편중되지 않는 법적 안전판으로서 공정한 공익위원의 구성에 필요한 방비책을 확보하려고 했다. 그러나 그 구체적 방비책에 대한 접근방법은 근로자위원(6명)의 공익위원과 사용자위원(각각 3명)에 대한 수량적 우위를 확보하려는 이진수 의원 수정안과 공익위원 선정방법(노사 양측의 합의에 의한 선출)의 합리적 공정성을 확보하려는 전진한 의원 수정안으로 다시 나누어짐으로써 원안을 반대하는 공익위원 불신세력의 분열을 필연적으로 자초할 수밖에 없었다. 이진수 의원 수정안은 노동 측에 "너무나도 권한을 과도하게 부여"한 것이라고 같은 노동운동 출신의 의원으로부터 비판을 받았고 또한 전진한 의원 수정안은 "대단히 이상적으로는 좋으나 실지에 있어서는 거의 불가능에 가까운 일"이라고 비판을 받았다. 결국에는 원안이 가결됨으로써 다수 의원들은 공익위원에 대한 신뢰를 전제로 공정한 노동위원회의 구성을 찬성한 것으로 평가할 수 있다.

핵심쟁점이 된 공익위원에 대한 신뢰 문제와 이를 뒷받침할 합리적 공정성의 확보 방안에 관한 심의 과정에서 드러난 두드러진 특징은 '사실의 규범화'의 야누스적 성격이라고 생각된다. 현실의 인간상에 대한 부정적 인식을 전제로 하여 이를 규제하려는 다양한 규범화의 시도는 결국 "입법무용론"(이용설 의원 주장)으로 귀착될 수밖에 없다. 또 한편으로는 그 규범화가 아무리 이상적이라 하더라도 현실에 적용될 수 없으면 역시 "입법이상론"(전진한 의원 수정안 반대 견해)으로 귀결되는 '입법의 화두'를 지금 우리에게도 고뇌의 유산으로 고스란히 물려주고 있는 셈이다.

노동위원회의 구성에 관한 핵심쟁점뿐만 아니라 중앙노동위원회의 재심사 개시요건 등 중요쟁점에 대한 접근자세와 입법방향에 있어서 특히 전진한 의원의 균형적 사고방식과 전문지식의 활용이 주목된다. 노동위원회 공익위원의 공정성을 확보하기 위하여 전진한 의원이 제안한 "노사 쌍방의 합의에 의한 공익위원의 추천과 한 단체에서 두 사람 이상 공익위원이 나올 수 없도록" 하자는 주장은 전 의원 자신의 표현대로 "가장 양보적이고 공평한 타협책"인 것으로 평가할 수 있다고 본다.

이러한 전진한 의원의 주장은 공익위원의 신뢰 문제에 대한 두 가지의 극단적 견해, 즉 공익위원에 대한 강력한 불신으로 인해 근로자위원의 수량적 우위를 확보하자는 이진수 의원 주장과 공익위원을 한층 신뢰하여 노사 양측 위원을 배제한 공익위원만의 노동위원회를 구성하자는 이용설 의원 주장을 모두 극복 초월한 중도적(中道的) 입장이라고 여겨진다. 전진한 의원은 공정한 노동위원회 구성을 위한 대승적 견지에서, 위의 양 극단적 견해를 단순히 절충한 것이 아니라 공익위원에 대한 신뢰를 제도적으로 담보하기 위한 구조적 차원에서 그 합리적 선출방법을 제안한 것으로 볼 수 있다. 또한 중앙노동위원회의 재심사 개시요건에 관해서도 전진한 의원이 일반사업과 공익사업을 구분하여 이를 다르게 취급하자고 주장한 것은 노동조합법 제정심의 때와 마찬가지로 일반사업의 근로자 단체행동의 자유를 보장하려고 하는 일관된 전 의원의 투철한 신념의 입법정신에서 비롯된다고 생각한다.

노동위원회법 제정심의의 중요쟁점에 관한 토론 과정에서 드러난 주목할 특징 중의 하나는 노동조합법 제정심의의 경우와는 다르게 나타난 노동운동계 출신 의원들 사이의 분열현상이다. 각 쟁점에 대하여 전진한 의원 수정안 외에 이와 주장을 달리하는 이진수 의원 수정안이 제안됨으로써 종래 노동입법에 대하여 같은 노선을 취하던 노동운동계 의원들마저 견해가 대립되었다. 이로 인한 영향 때문인지 특히 이진수 의원 수정안은 그 수정안 발의에 동의했던 의원 수에도 훨씬 미치지 못하는 지지를 받는 결과를 초래하였다.[46] 역사에서 가정은 금물이라 하지만 핵심쟁점인 노동위원회의 구성에 대하여 만약 노동운동계 의원 측의 단일의 수정안이 제안되었더라면, 전진한 의원 수정안 지지 47표와 이진수 의원 수정안 지지 27표를 합한 것이 원안 지지 59표를 압도하여 그 단일의 수정안이 가결되었을 것이라고 상상

46 이러한 정황은 다음과 같은 동아일보의 보도에 의해서도 확인될 수 있다. 동아일보는 1953.1.29. 1면 '민의원'이라는 고정란의 '노동쟁의법안 상정'이라는 1단 제목의 기사에서 "8일 국회에서는 노동위원회법에 이어 노동쟁의법안을 상정 토의하였다. 노동위원회법은 전문 24조로 대부분 원안을 채택 통과하게 되어 이진수 의원의 대폭 수정안은 결국 참패를 보게 되었으며 노동쟁의법 역시 원안이 통과될 것으로 보인다"라고 보도하였다.

해볼 수 있지 않을까? 또 그 쟁점에 관한 토론이 원안 및 수정안 제안자와 극히 소수의 의원들에 의해서만 제한적으로 이루어졌던 상황은 다수의원 전체가 노동위원회법 제정심의에 폭넓은 관심을 공유하지 못한 것으로 풀이된다.[47] 더욱이 핵심쟁점인 노동위원회의 구성에 관한 토론종결 후 표결 직전에 사회를 보던 윤치영 국회부의장이 표결에 상당한 영향을 미칠 이례적인 발언을 하여 결국 원안이 가결된 사실을 어떻게 평가해야 할까……?

여하튼 각 쟁점에 관하여 수정안이 두 가지만 가결되었고 나머지는 원안 그대로 가결되었지만 노동위원회의 구성 문제 등에 대한 진지한 토론내용을 천착해보면 원안과 수정안 모두 우리의 법 풍토에 적합한 노동위원회법을 제정하려는 '주체적 고뇌와 열정'의 산물이라고 평가할 수 있다.

47 이러한 상황에 대하여 동아일보는 1953.1.25. 1면의 당시 유명한 정치풍자 고정란인 '단상단하(壇上壇下)'에서 "노동위원회법과 노동쟁의법을 상정하고 김익기 사회보건위원장은 입에 침이 마르도록 열심히 심사경과를 보고—하나 위원장 운동에 여념이 없는 의원들 '7월 지당(池塘)에 난와성(亂蛙聲)'으로 와글와글 떠드는 판이라 김군 강의는 결국 마이동풍(馬耳東風)에 우이독경(牛耳讀經)—"이라고 꼬집었다.

6장

근로기준법 제정

6장에서는 먼저 근로기준법의 제정경위와
입법정신(제1절)을 살피고 나서,
원안이 확정된 쟁점(제2절)과
수정안이 가결된 쟁점(제3절)을 검토한 뒤에,
근로기준법 시행의 회의론과
연기론(제4절)을 고찰하기로 한다.

1 제정경위와 입법정신

1) 제정경위

(1) 원안

근로기준법의 법안 제안은 그 제정 심의를 하기 거의 1년 전, 1952.2.25. 임기봉 의원 외 65인의 법안, 1952.2.25. 김용우 의원 외 45인의 법안 그리고 의원 제안보다 뒤늦게 1952.7.29. 정부의 법안 등 모두 3개 법안이 이미 제출되어 있었다.[1]

1953.2.2. 제15회 정기국회 제20차 회의 근로기준법안 제1독회 심사보고에서 김용우 사회보건위원장은 근로기준법에 대한 제안, 즉 임기봉 의원, 김용우 의원과 행정부로부터 각각 분과위원회에 회부된 3개 법안을 심사할 때 "먼저 입법정신 둘째에 있어서는 그 구상이 현 우리 대한민국 실정에 부합한 것"인지 여부를 검토한 결과, 행정부 안은 그 기준이 너무 낮고 임기봉 의원안은 기준이 상당히 높아서 "지금 국회에 상정된 이 기준안을 위원회로서 채택한 것"이라고 밝혔다.[2] 즉 결국 김용우 의원의 법안을 사회보건위원회안(이하 '원안'이라 한다)으로 채택한 것이다.

(2) 수정안 중심의 심의

원안에 대하여 사회보건위원회 수정안, 이진수 의원 외 25인 수정안

---

* 이 장에 실린 글은 『서울대학교 법학』 제50권 제3호(2009)에 수록된 「근로기준법 제정 심의의 주요쟁점」을 수정, 보완한 것이다.

1 국회사무처, 『대한민국 법률안연혁집』(1992.5), 2770면.

2 국회속기록 제15회 제20호, 13면 중단.

(이하 '이진수 의원 수정안'이라 한다), 태완선 의원 외 20인 수정안(이하 '태완선 의원 수정안'이라 한다)이 제출되었고,[3] 김지태 의원 외 19인 수정안(이하 '김지태 의원 수정안'이라 한다)도 제출되었다.[4]

1953.4.7. 제15회 국회 제48차 회의 제2독회가 시작되어 제3조 심의가 끝난 뒤 제4조부터 심의를 하려고 할 때에, 송방용 의원이 의사진행 발언으로 "이 근로기준법안은 나온 지도 이미 오래 되었고 또 노동운동하시는 분들이 여기에 관심을 가지고 이미 수정안을 낸 분도 있고 해서 수정안이 없는 부분에 있어서는 별로 논의할 것이 없을 줄로" 알기 때문에 "앞으로 우리가 심의할 안건도 많고 한 차제에 시간을 좀 절약하기 위해서 수정안 있는 조항만 심의하기로 하는 것"이 좋다고 하는 동의를 하여 이의 없이 채택되었다.[5] 따라서 제2독회의 축조심의는 수정안이 있는 쟁점조항만을 중심으로 논의를 전개하였다.[6]

그러므로 수정안이 없는 6-11장 안전보건과 재해보상 등에 대하여는 자구수정 정도에 그치고 별다른 이의 없이 원안이 통과되었다.[7]

3 국회속기록 제15회 제20호, 10면 하단-13면 상단.

4 조선일보는 근로기준법 제정에 대한 국회심의 과정에 관하여, 1953.4.3. 1면 '근로기준법안을 심의'라는 제목의 3단 기사에서 "임기봉 의원은 제1독회에서 대체토론을 마치었으니 제2독회로 넘어가기를 동의하여 가결하였다. 따라서 동 법안은 법정일인 3일 후에 본 회의에서 축조심의하게 되었다"고 보도하였다.

5 국회속기록 제15회 제48호, 11면 하단.

6 근로기준법 제정에 대한 국회 제2독회의 심의활동에 관하여, 조선일보는 1953.4.9. 2면 '해고제한도 규정, 국회 제2독회서 30조까지 통과'라는 제목의 4단 기사에서, 목적(제1조), 근로조건의 원칙(제2조), 균등처우(제6조), 강제노동의 금지(제7조), 중간착취의 배제(제9조), 해고제한(제28조)의 조문내용을 그대로 보도하였다.

7 국회속기록 제15회 제52호, 10-11면.

(3) 보류와 연기 표결을 넘겨 최종확정

당시 전시하 비상경제 상황과 엄청난 재정적자 등을 배경으로 근로기준법안 심의를 보류하자는 주장(제1독회)과 그 시행을 무기연기하자는 주장(제2독회)이 나왔으나 두 번의 표결에서 이 주장은 무산되었다.

1953.4.15. 제15회 국회 제54차 회의 제2독회에서 축조심의를 완료하고, 제3독회는 생략한 채 자구수정은 법제사법위원회에 넘기자는 의견이 가결(재석원수 97인, 가 58표)되어 근로기준법이 최종확정되었다.[8] 이로써 근로기준법은 1953.5.10. 법률 제286호로 공포되어 발효되었다.

2) 입법정신

근로기준법의 입법정신으로 의원 각자와 정부 측은 근로자의 최저한도의 인간적 생활보장, 노동력 상품화 방지로 인한 공존공영, 노사대등주의의 실현 등을 주장하고 있으나 특히 헌법상 보장된 이익균점권이 그 근본정신이 되어야 한다고 강조하는 견해가 있다.

(1) 근로자의 지위 향상과 인간적 생활보장: 김용우 사회보건위원장

원안은 그 '제안이유'에서 한국의 부흥재건에 필요한 국민의 왕성한 근로의욕의 환기는 근로자의 지위 향상과 생활보장이 급선무인데도 헌법상 보장된 근로자의 권리가 입법 불비로 인하여 특히 근로조건에 관한 기준이 없으므로 "노동조합이 유명무실할 뿐만 아니라 노동운동 자체가 적확한 목표를 잃고 불순한 방향으로 나아갈 염려"가 있기 때

8 국회속기록 제15회 제54호, 5면 중단.

문에, "근로기준에 관한 법을 제정함으로써만이 노동도덕을 그 정상적인 궤도에 오르게 하고 노자쌍방이 각각 그 목표를 명백히" 함으로써 근로자뿐만 아니라 전체 국민경제의 향상에 기여할 것이라고 그 입법취지를 밝혔다.[9]

김용우 사회보건위원장은 첫 심사보고에서 "기준법을 제외하고는 과거에 통과된 세 가지의 법률을 충분히 활용할 수 없느니만치 이 기준법의 제정은 불가피한 법률"로서 "근로자가 인간적 생활을 하기에 최저한도의 필요한 기준을 구상해서 이 법안에 제정한 것"이라고 그 입법정신을 간추려 밝혔다.[10]

(2) 노동력의 상품화 방지를 통한 공존공영: 김용택 사회부차관

김용택 사회부차관은 헌법 제17조의 입법정신을 실천에 옮겨 "하루속히 멸공전쟁을 완수하고 남북통일을 하루속히 해가지고 우리나라가 다같이 잘 살자고 하는 공존공영하자고 하는 이 정신"이 근로기준법의 입법정신이라고 하면서, 이 법안은 "우리가 가장 존엄하다고 생각하는 인간의 노동력을 상품과 같이 취급을 해가지고 노동력을 제공하려고 하는 사람의 약점을 포착해서 이것을 짓밟고 이를 헐하게 사려고 하는 부당한 기업주나 애국심이 적은 자본가의 착취를 방지"함으로써 노자협조정신과 전력증강정신을 더욱 앙양시키는 데 필요한 것이라고 역설하였다.[11]

---

9 국회속기록 제15회 제20호, 2면 중단.

10 국회속기록 제15회 제20호, 13면 중단-하단.

11 국회속기록 제15회 제20호, 16면 중단-하단.

(3) 노사대등주의 지향과 계급투쟁의식 지양: 김지태 의원과 최원호 의원

김지태 의원은 "이 법안에 있어서 근로자의 경제적인 면, 사회적인 지위를 향상하는 동시에 사업가의 입장을 대등하게 취급하지 않으면 금후 우리 산업에 대해서 나쁜 영향을 가지고 오리라고 생각"하여 "이러한 논지 밑에서 본 근로기준법은 많은 수정을 해가지고 우리가 통과"시켜야 될 것이라고 실질적 노사대등주의를 주장하였다.[12]

최원호 의원은 근로기준법안에 "공산당의 말하자면 계급투쟁의 의식을 말살시키려고 하는 그러한 입법정신이 여기에 포함"되어 있으며 "우리 국민이 우리 국가가 이 노무자계급에 경의를 표하고 또한 그들의 지위 향상과 그들의 복지를 위해서 참 최대다수의 최대의 행복을 만들어보자 하는 이러한 정신"에서 노동관련 법률이 제정된 것이라고 역설하였다.[13] 최원호 의원은 "노동시간을 압축해서 쓰자 하는 것이 자본주의의 특색으로서 되어온 것"이라고 지적하면서 "이러한 아주 악질적인 자본주의를 시정하기 위해서 이러한 노동기준법안이라는 것이 그 정신에 있어서 나온 것"이라고 피력하였다.[14]

(4) '근로기준법의 근간'이 되어야 할 이익균점권: 이진수 의원

이진수 의원은 헌법상 보장된 근로자의 이익균점권이 근로기준법의 근간이 되지 못한 점을 비판하면서 "우리 산업기관이 대부분이 귀속재산인 까닭에 …… 귀속재산에 관한 관리는 국민의 균형으로서 기업주의 독점보다도 근로자의 노동권을 확보하는 그 대가로서라도 이익균점에 대한 것이 근로기준법의 근간이 되어야 할 것이 박약"하여 이

12 국회속기록 제15회 제21호, 13면 상단.

13 국회속기록 제15회 제23호, 4면 상단.

14 국회속기록 제15회 제50호, 13면 상단.

익균점권 보장취지가 근로기준법 입법정신으로 충분히 반영되지 못한 점을 지적하였다.[15] 근로기준법 제안과 전쟁수행관계에 대하여 이진수 의원은 "사회보험제도까지 병행해서 실시됨으로써만이 …… 근로자와 기업주가 노자협조가 되어서 명랑한 가운데 자기의 신분이 보장되고 자기의 모든 최저 기본생활이 확보됨으로써만이 근로대중의 권위 있는 노력을 제공"하여 "전쟁수행의 완벽을 기할 수 있다는 것"을 강조하였다.[16]

2 원안이 확정된 쟁점

먼저 제1독회의 대체토론에서 제기된 쟁점을 간략히 살펴본 뒤, 제2독회의 축조심의에서 드러난 쟁점의 논의내용 중 원안이 확정된 경우를 검토해보기로 한다.

1) 제기된 쟁점

제1독회의 대체토론에서 제기된 중요쟁점으로는 근로자의 최저생활을 보장할 최저임금, 가족수당 그리고 근로기준법 시행에 대한 회의론 등이지만 시행회의론은 항목을 달리하여 검토하기로 한다.

(1) 최저임금

최저임금 논의[17]에서는 주로 최저임금 결정기관을 어떻게 정할 것이

15 국회속기록 제15회 제21호, 13면 하단.
16 국회속기록 제15회 제21호, 14면 중단.

냐가 문제로 되었다.

조광섭 의원은 최저임금 확보 문제에 있어서 노동위원회의 조절보다는 "직장의 사용자와 노동자 사이에 구성되는 노동임금위원회의 구성"을 제의하였다.[18] 신광균(申光均, 1896) 의원(개풍, 일민구락부, 봉명학교 졸업, 개풍군수, 제헌국회의원)은 "노동자에 대해서 가장 공정한 입장에서 최저임금을 법적으로 정해 가지고 그 정한 범위에서 사업주나 노동자가 같이 협력해서 일할 수 있도록 법의 체제"를 갖추기 위해서 "임금에 대해서는 특별심의기관을 만들 필요"가 있다고 주장하였다.[19]

신광균 의원은 "근로자의 최저생활을 보장하기 위해서 사회부장관은 임금을 일정한 사업이나 사업장 내에서 최저의 임금을 결정하도록 하는 그런 규정"이 필요하다고 강조하였다.[20]

김지태(金智泰, 1908) 의원(부산 갑, 무소속, 부산상업고등학교 졸업, 조선견직한국생사 사장, 부산일보 사장)은 "최저임금기준을 정할 때에 근로자가 생활을 할 수 있는 선과 또 한 가지 우리나라 기업체가 계속할 수 있

---

17 근로기준법 제정에 대한 국회의 심의가 시작되기 전후의 당시 근로자의 열악한 임금사정을 동아일보는 다음과 같이 보도하였다.
1952.12.13. 2면 '금련(金聯)의 무성의에 항의, 항만노무자 임금소급인상 투쟁, 하루 8천원 받고 어떻게 산담' 제목의 5단 기사에서 "제반 물가앙등에 따라 의당 인상 지불해야 될 정부수입양곡 및 구호양곡의 하역작업요금이 작년도의 1일 평균 8천원 그대로 아직도 계속 지불되고 있음으로 해서 전국항만업자 및 항만노동자의 생계에 극도의 위협을 주고 있어 이를 대행하고 있는 금련 당국의 무성의에 대한 세인의 비난성이 점차 높아가고 있다 ……"는 내용을 전하고 있다.
1953.3.23. 2면 '임금체불로 기아지경, 석공산하 광부 파업 앞서 성명' 제목의 4단 기사에서 "대한석탄공사 산하에 있는 각 광업소에 종사하는 8천여 종업원들은 4개월 이상의 노동임금과 배급식량을 받지 못하여 심각한 생활위기에 봉착하고 있다 한다 ……"는 내용을 보도하고 있다.

18 국회속기록 제15회 제20호, 17면 상단－중단.

19 국회속기록 제15회 제20호, 19면 상단－중단

20 국회속기록 제15회 제23호, 5면 중단.

는 이런 양면적인 방향으로 이것을 제정해야 될 것"이라고 노사균형의 기준을 제시하였다.[21]

김용우 사회보건위원장은 "전문적인 부분 또는 특수한 부분에 있어서는 특별노동위원회를 구성할 수 있게 되어 있기 때문에" 특별노동위원회를 설치해서 최저임금은 노동위원회가 조정하게 될 것이라고 답변하였다.[22]

김용택 사회부차관은 노임의 최저생활 보장 문제 등 태완선 의원의 질문내용에 대하여 "거기에 부수한 준비조치가 어떻게 되었느냐고 말씀했지만 이것은 반드시 현금으로 조치하는 것이 아니라 현물 이 법안이 통과된다고 하면 정부로서는 충분히 현물로라도 최저생활을 확보할 동의를 다지고" 있다고 답변하였다.[23]

(2) 가족수당

조광섭 의원은 가족의 수에 따라 "거기에 상반한 보수가 없다면 도저히 이것은 불공평한 일"이라고 하면서 "많은 가족을 가진 분한테는 그 기업주 자체가 가족에 적당한 수당을 주는 것이 가족제도를 유지하고 사는 우리들 대한민국에 있어서 그만한 고려가 의당 있어야 할 문제"라고 주장하고, 어떤 근로자가 "유능한 회사의 수완자라고 하더라도 가족이 많은 것을 빙자해서 채용할 것을 거부하는 이러한 때에 그 사용주한테 어떤 제재를 가할 수" 있는지 없는지 질의하였다.[24]

김용우 사회보건위원장은 "갑과 을이 같은 근로를 제공했으면 이에

---

21 국회속기록 제15회 제21호, 11면 하단.
22 국회속기록 제15회 제20호, 23면 상단.
23 국회속기록 제15회 제20호, 27면 하단.
24 국회속기록 제15회 제20호, 17면 중단.

대한 같은 임금을 받는 것이 당연하다고 하는 이론이 표결한 결과 결정이 되어서 가족수당에 대한 것을 삭제하는 수정안"이 나와 있다고 답변하였다.[25]

2) 원안의 확정

원안이 확정된 쟁점조항은 위험수당 신설안 폐기, 유해위험작업의 근로시간제한, 해고수당, 휴게시간, 휴일, 휴가시기 변경, 성년여자근로자의 시간외 근로제한 등 7개 사항이다.

(1) 위험수당

태완선(太完善, 1915) 의원(영월, 무소속, 경성법학전문학교 졸업, 대한석탄공사 이사)이 제42조로 새로 제시한 위험수당 지급 규정은 "지하작업 기타 명령으로써 정한 유해 위험한 작업을 하는 근로자에 대하여는 위험수당을 지급하여야 한다"는 내용의 신설안이다.

① 유해위험작업의 근로시간제한(제45조) 삭제와 위험수당 지급: 태완선 의원 신설안

태완선 의원은 유해위험작업의 근로시간제한 규정인 제45조는 우리 현실의 사업에 타당하지 않다고 보아 "이 규정을 삭제해 가지고 지하노무자라든지 위험한 작업을 하는 근로자도 일반노무자와 마찬가지로 원칙적으로 8시간 7일간에 48시간을 규준시간으로 일률적으로" 하여 "일반 지상의 노무자와 달리해서 지하에서 위험한 일을 하는 노무

25 국회속기록 제15회 제20호, 23면 하단.

자에 대해서는 별도로 위험수당"을 지급하는 것이 타당하다고 생각하여 신설안을 제의한 것이라고 밝혔다.[26]

② 위험작업의 차이 인정과 위험수당의 대우 구실의 성격: 김용우 사회보건위원장

김용우 사회보건위원장은 위험작업과 일반작업의 근로시간 기준에 대하여 "일반 평온한 지대에서 근로하는 근로자와 위험한 또는 특히 지하에 들어가서 일하는 노무자의 생리적인 또는 보건을 생각해볼 적에 이것은 당연히 차이"를 두어야 한다면서 태완선 의원의 신설안을 다음과 같은 주장을 하여 반대하였다.[27]

> 광산이나 탄광에서 일하는 그 작업 자체가 위험한 작업이기 때문에 처음에 임금을 제정할 적에 계약할 적에 이미 특수한 작업에 대한 임금을 계약할 수가 있는 것입니다. 그렇기 때문에 다만 위험수당이라고 하는 것은 근로자에게 대우한다고 하는 구실에 지나지 않고 기본임금에 있어서 지하작업의 임금은 마땅히 보통작업보다 임금이 비싸야 할 것만은 사실입니다. 그래서 여기에 여섯 시간으로 정한 것입니다. 일반 보건관계와 특히 보건에 대한 사상이 빈약한 우리나라의 지하작업의 보건시설이라고 하는 것은 대단히 빈약한 것입니다. 그렇기 때문에 여기에 장구한 시일을 두고 여덟 시간의 노무를 요구한다고 하는 것은 더 긴 날의 작업에 있어서 체력을 약화시키는 즉 보건에 지장이 있을 그러한 점을 특히 고려한 것입니다.

---

26 국회속기록 제15회 제49호, 3면 하단-4면 상단.
27 국회속기록 제15회 제49호, 4면 하단-5면 상단.

③ 미결된 신설안에 대한 재토론

태완선 의원의 신설안이 미결(재석원수 98인, 가 22표)[28]되어 이에 대한 찬반토론이 재개되었다.

지하작업 근로자의 실태와 현실적 요청의 고려 태완선 의원은 "지하노무자들은 자기네들 수입을 얻기 위해서 10시간, 12시간 근무를 시켜달라고 요구"한다면서 "절대로 보건상 곤란하니까 6시간 근로해야겠다는 사람"이 없으므로 "그 사람들에게 보수를 많이 주도록 해서 그 사람들의 생활 향상을 기하는 것이 타당"하다고 재차 강조하였다.[29] 임용순 의원은 "지하작업 또는 갱내에 들어가서도 광맥을 찾기 위해서 구멍을 뚫고 다이나마이트를 폭발시키는 이 폭발 중에도 부주의로 인해서 죽는 일"이 많다는 실태를 들어 위험수당 지급을 찬성하였다.[30]

근로기준법의 근본정신에 위배 조광섭 의원은 태완선 의원이 발언한 지하작업 "노무자들은 시간의 제한을 절대로 요구하지 않는다는 것" 즉 "얼마든지 24시간 한잠 자지 않더라도 그냥 계속 일할 것을 원하는 것같이 말씀하는 듯한데 그것은 대단한 오해"라고 지적하면서 "땅 위에서 태양 밑에서 일하는 일꾼이 아니고 땅속에 들어가서 일하는 이 분들한테 여기에 시간의 제한이 없다고 본다면 이것은 근로기준법을 만드는 자체에 생각할 여지가 있는 문제"라고 비판하였다.[31]

---

28 국회속기록 제15회 제49호, 5면 상단.

29 국회속기록 제15회 제49호, 5면 하단.

30 국회속기록 제15회 제49호, 6면 중단.

31 국회속기록 제15회 제49호, 6면 중단－하단.

④ 신설안의 폐기

태완선 의원의 신설안은 제2차 표결에서도 미결(재석원수 108인, 가 45표)되어, 결국 두 번 표결하여 미결인 까닭에 결국 위험수당제는 폐기되었다.[32]

(2) 유해위험작업의 근로시간 제한

원안은 "지하작업 기타 명령으로써 정한 유해 위험한 작업은 1일에 6시간 1주일에 36시간을 기준으로 한다. 단 사회부의 허가를 얻은 경우에는 1일 2시간 이내 1주일 12시간 이내의 한도로 연장할 수 있다(제45조)"이고, 태완선 의원 수정안은 이 조문을 삭제하자는 것이다.

① 근로시간 제한으로 근로자의 건강 유지: 원안

김용우 사회보건위원장은 갱내 근로자의 근로시간 기준은 일반근로자와는 달리 "그의 보건상태를 유지하는 방향"으로 정할 것인지 "임금을 늘여서 그 임금으로써 영양제를 섭취하도록 해가지고 보건을 유지"시키는 방향으로 정할 것인지 2가지 기준이 있다고 전제하면서 갱내 근로의 경우 "불결한 비위생적인 환경에 있는 시간을 제한해주므로 이러한 어떤 임금을 몇 배 높여준다고 하더라도 두 시간 갱외에 자연스러운 환경에 돌아오는 것과 바꿀 수 없다고 하는 생각에서 6시간의 그 시간으로써 그 기준의 차이를 둔 것"이라고 밝혔다.[33] 이진수 의원은 "갱내에 들어가는 출근시간보다도 위험 위독한 작업을 하는 시간에서 다만 한 시간이라도 일찍이 노동자를 그 작업에서 자연스러

---

32 국회속기록 제15회 제49호, 6면 하단.

33 국회속기록 제15회 제50호, 10면 중단-하단.

운 자연의 혜택을 받아서 건강을 보강하는 방향으로 입법하는 것"이 옳다고 주장하였다.[34] 권태욱(權泰郁, 1910) 의원(마산, 무소속, 일본 추오대학 법학부 졸업, 마산공과학관장, 제헌국회의원)과 임기봉 의원은 각각 위험작업이 "외부에서 보는 그러한 그 시간으로서 견딜 수 없는 심리상태가 있다는 것"[35]과 "생리학적으로 체질이 도저히 …… 견딜 수가 없기 때문"[36]이란 것을 이유로 근로시간 제한을 찬성하였다. 오의관(吳誼寬, 1906) 의원(옹진 을, 무소속, 수산중학교 졸업, 어업조합연합회 기사)은 8시간 노동원칙을 고수하려면 "위험한 작업과 위험치 않은 작업을 구별하는 것이 또한 순리"[37]라고 주장하였고, 최원호(崔瑗浩, 1898) 의원(김해 갑, 민주국민당, 일본 추오대학 이과전문학부 졸업, 경북도 상공국장, 김해산업조합 이사)은 "자본주의의 이 노동시간을 압축한다고 하는 그것을 다소간이라도 완화"[38]하기 위한 것이라고 근로시간 제한 지지이유를 밝혔다.

34 국회속기록 제15회 제50호, 11면 중단.
이진수 의원은 당시 갱내 근로자의 의병률(依病率)과 사망률이 일반근로자보다 4할 높다고 대한노총의 통계숫자를 다음과 같이 밝혔다. "유해 위험한 작업을 하는 근로자에 대해서 대한민국의 현실로 보아서 위생설비가 전연 안 되어 있다고 하는 것을 먼저 밝혀 둡니다. …… 이러한 부자연스러운 가운데에서 시간의 연장을 해가지고 8시간이라는 시간을 혹사당한다고 하면 이 사람들은 첫째 건강상 유지를 못하는 통계숫자를 대한노총에서는 가지고 있는 것입니다. …… 이와 같이 유해 위험한 작업을 하는데도 불구하고 보건시설이 아무것도 없는 이 현실을 8시간을 끌고 나간다고 하면 그 사람의 의병률, 사망률, 이 율이 딴 근로자의 율보다 4할 가까운 것을 점령하고 있습니다." 국회속기록 제15회 제50호, 10면 하단–11면 상단.

35 국회속기록 제15회 제50호, 12면 중단.

36 국회속기록 제15회 제50호, 13면 하단.

37 국회속기록 제15회 제50호, 12면 하단.

38 국회속기록 제15회 제50호, 13면 중단.

② 생산증강과 근로자의 실수입 증대 방향: 태완선 의원 수정안

태완선 의원은 우리나라 근로자의 당면문제는 고용기회의 확보를 통한 생활보장에 있으므로 갱내 근로자의 근로시간을 "8시간 그대로 하고 거기에 대해서 보수를 좀 더 줄 수 있는 방향"으로 나아가야 된다고 전제하면서[39] "45조의 원칙에 대해서는 될 수 있으면 일을 생산증강시키는 방향으로 이끌어나가고 또 노동자의 보건 문제보다도 노동자의 실수입 임금면의 수입 이것을 늘여가자는 방향으로 하는 것"이 좋겠다고 발언하였다.[40] 이용설 의원은 "위험한 면에 있어서 될 수 있는 대로 위생상으로나 그 외에 절대로 위험이 없도록 조치를 하는 법령"을 제정해야 한다고 하면서 노동과 경제의 실정에 비추어 "정말 노동자를 생각하자면 다른 사람과 같이 8시간의 노동을 허락을 하고 거기에 대한 임금을 특별히 준다는 것이 가장 합리적"이라고 태완선 의원 수정안을 지지하였다.[41]

③ 원안의 가결

태완선 의원의 수정안은 미결(재석원수 104인, 가 21표, 부 1표)되고, 원안이 가결(재석원수 104인, 가 63표)되어 근로자 건강 유지를 위한 근로시간 제한이 채택되었다.[42]

(3) 해고 예고

원안은 "사용자가 근로자를 해고하고자 할 경우에는 30일 분 이상의

---

39 국회속기록 제15회 제50호, 9면 상단-하단.

40 국회속기록 제15회 제50호, 10면 상단.

41 국회속기록 제15회 제50호, 11면 하단-12면 상단.

42 국회속기록 제15회 제50호, 14면 하단.

평균임금을 노무자에게 지급하여야 한다(제29조 제1항)"인 데 대하여, 이진수 의원 수정안은 제29조 제1항의 중간에 "근로자에게 30일 이전에 통고해야 하며"라는 해고예고제도를 삽입하자는 것이다.

이진수 의원은 "두 시간 전에 해고통고를 하면 그 사람은 가족을 데리고 방황하게 되는 것"이므로 "30일 이전에 예고를 하면 그 사람은 가족을 데리고 방황하지 않고 …… 노동자의 갈 길이 막연하기보다도 미리 예고하면 구직할 수 있다고 하는 것"을 강조하였지만, 이진수 의원의 수정안은 미결(재석원수 98인, 가 8표)되고 원안이 가결(재석원수 98인, 가 58표)되어 해고예고제는 채택되지 않았다.[43]

(4) 휴게시간

원안은 "사용자는 근로시간 4시간인 경우에는 30분 이상 8시간인 경우에는 1시간 이상의 휴게시간을 근로시간 도중에 주어야 한다(제46조 제1항)"인 데 대하여, 태완선 의원 수정안은 원안처럼 휴게시간을 2단계로 구분하지 않고 "근로시간 8시간에 대하여 1시간 이상의 휴게시간"으로 단일 기준을 설정한 점이 다를 뿐이다.

김용우 사회보건위원장은 원안의 휴게시간 입법취지는 그 기준을 2단계로 나누어서 "4시간 이상을 근로했을 적에 적어도 최소한도의 30분 이상의 휴식을 주어야" 하고 "8시간 일했을 적에는 적어도 1시간 이상의 휴게를 주어야 하겠다"는 기준을 설정한 것이라고 밝혔다.[44] 태완선 의원은 자신의 수정안 단서에 "단 4시간 이상 8시간 미만인 경우"를 추가하여 유해 위험한 작업, 즉 갱내 작업의 경우는 "6시

43 국회속기록 제15회 제48호, 14면 중단.

44 국회속기록 제15회 제51호, 4면 하단.

간이 실제 4시간밖에 못해서 노무자의 수입이 적어진다 하더라도 이 휴게시간만은 노동자의 보건상 1시간은 줘야 된다"고 주장하였다.[45] 태완선 의원 수정안은 미결(재석원수 117인, 가 10표)되고, 원안이 가결(재석원수 119인, 가 67표)되어 휴게시간을 2단계로 구분하게 되었다.[46]

(5) 휴일

원안은 "사용자는 근로자에 대하여 1주일에 평균 1회 이상의 휴일을 주어야 한다(제47조 제1항). 정휴일, 법정공휴일은 임금 산출의 근로일로 인정한다(제47조 제2항)"인 데 대하여, 태완선 의원 수정안은 원안의 제47조 제2항 중 "정휴일"을 삭제하자는 주장이다. 원안과 수정안의 차이는 이 정휴일에 대하여 유급휴일(원안)로 하느냐 아니면 무급휴일(수정안)로 하느냐의 문제다. 김용우 사회보건위원장은 원안의 휴일제도의 "근본취지는 공휴일에 대하여 1주일에 하루를 반드시 쉬도록 또 쉬는 데 대해서는 이것을 유급휴일로 하자 이러한 것"이라고 발언하였다.[47] 태완선 의원은 원안처럼 정휴일(일요일)에 임금을 지급한다면 다른 조문에 의해 "7일간에 48시간 36시간을 초과할 경우에는 5할 이상을 가산"해야 하므로 "일요일은 놀리고 일을 안 하면서도 일요일 날 임금에 대하여는 5할 이상의 '오바타임'을 붙여서 지불"하게 되어 기업에 중대한 영향을 미치므로 수정안을 제출한 것이라고 밝혔다.[48] 태완선 의원 수정안은 미결(재석원수 109인, 가 19표)되고, 원안이 가결(재석원수 101인, 가 55표)되어 유급휴일제가 채택되었다.[49]

---

45 국회속기록 제15회 제51호, 3면 하단-4면 하단.
46 국회속기록 제15회 제51호, 5면 상단.
47 국회속기록 제15회 제51호, 5면 하단.
48 국회속기록 제15회 제51호, 5면 중단.

(6) 휴가시기 변경의 요건

원안은 "사용자는 전2항의 규정에 의한 유급휴가를 근로자의 청구가 있을 시기에 주어야 하며 그 기간에 대하여는 평균임금을 지급하여야 한다. 단 근로자의 청구한 시기에 유급휴가를 주는 것이 사업운영에 심대한 지장이 있을 경우에는 그 시기를 변경할 수 있다(제50조 제3항)"인데, 이진수 의원 수정안은 휴가시기 변경의 요건으로 노동위원회의 동의를 요구한 점만 원안과 다를 뿐이다.

이진수 의원은 "사업에도 지장이 없는데도 불구하고 일을 강행시키는 악질적인 사용주 때문에 예방"하기 위해서 수정안을 제출한 것이라고 주장한 데 대하여, 김용우 사회보건위원장은 "이런 문제까지 노동위원회에 맡길 것이 아니라 노동조합 그 자체가 역시 이만한 역할을 할 수 있으리라고 생각하고 있기 때문에" 원안대로 통과되는 것이 타당하다고 밝혔는데, 그 결과 원안이 재석원수 106인, 가 72표로 가결되어 휴가시기 변경은 사용자가 행사할 수 있게 되었다.[50]

(7) 성년 여자근로자의 시간외 근로 제한

원안은 "만 18세 이상의 여자에 대하여는 단체협약이 있는 경우라도 1일에 2시간, 1주일에 6시간, 1년에 150시간을 초과하는 시간외의 근로를 시키지 못한다(제59조)"인 데 대하여, 이진수 의원 수정안은 제59조의 '만 18세 이상의 여자'를 "만 18세 이하의 여자"로 고치자는 것이고, 김지태 의원 수정안은 "사용자는 만 16세 이하의 여자에 대하여는 단체협약이 있는 경우라도 1일에 2시간을 초과하는 시간외의 근로를

---

49 국회속기록 제15회 제51호, 6면 중단.

50 국회속기록 제15회 제51호, 12면 중단.

시키지 못한다(제59조)"고 하는 내용이다.

김용우 사회보건위원장은 제59조는 "성년에 대한 연장시간의 제한"[51]을 하는 "예외규정으로서 연장시간을 불가피한 경우만 사용하고 그렇지 않는 경우에는 하루에 8시간을 근로시간의 기준으로 정하자고 하는 데 정신이 있는 것"이라고 밝히면서 만 18세 미만자에 대한 근로시간 제한은 이미 제57조에 규정되었다고 설명하였다.[52] 김용우 위원장의 발언이 있은 뒤 이진수 의원은 "제57조가 통과되었기 때문에" 자신의 "수정안을 철회"하였고, 2차 표결 결과 원안이 가결(재석원수 100인, 가 68표)되었다.[53]

3 수정안이 가결된 쟁점

수정안이 가결된 쟁점조항은 근로시간 제한에 대한 것이 핵심사항이었다. 구체적으로 보면 시간외 근로에 대한 가산임금, 야간근로의 원칙적 금지, 유급병가 삭제, 가족수당 삭제, 평균임금의 정의, 근로조건 위반으로 인한 손해배상의 청구 신설, 근로자의 귀책사유로 인한 해고의 노동위원회 인정 신설, 1일 유급 생리휴가, 연소근로자의 근로시간 제한, 친권자의 미성년자 임금 대리수령금지 삭제, 벌칙조항의 완화 등 11개 쟁점사항이다.

---

51 김용우 사회보건위원장은 제59조에서 "하루에 2시간 또는 1주일에 6시간이라고 해서 그 시간을 제한한 것은 1주일에 3일을 10시간씩 연장해서 할 수 있는 규정을 넣자고 하는 데 정신이 있는 것"이라고 풀이하였다. 국회속기록 제15회 제52호, 8면 중단.

52 국회속기록 제15회 제52호, 8면 상단-중단.

53 국회속기록 제15회 제52호, 8면 중단-하단.

1) 시간외 근로에 대한 가산임금

원안은 "사용자는 제44조, 제45조의 규정에 의하여 근로시간을 연장하였을 경우에는 통상임금의 3할 이상을 휴일 또는 하오 10시부터 상오 6시까지의 사이에 근로시킨 경우에는 통상임금의 5할 이상을 그 초과된 부분에 대하여 가산하여 지급하여야 한다(제48조)"인데, 이에 대하여 3개의 수정안이 제출되었다.

i) 사회보건위원회의 수정안은 "사용자는 연장시간근로(제44조 제45조의 규정에 의하여 연장된 부분의 시간외 노동), 야간근로(하오 10시부터 상오 6시 사이의 근로)에 대하여는 통상임금의 5할 이상을 가산하여 지급하여야 한다(제48조 제1항). 휴일근로(본법에서 정한 임금지급휴일의 근로)에 대하여는 사용자는 당해 일에 소당(所當)임금을 지급하는 것을 이유로 본법에서 정한 휴일에 지급할 임금의 지급을 거절할 수 없다(제48조 제2항)"이다. ii) 이진수 의원 수정안은 연장근로에는 통상임금의 5할 이상을, 야간근로에 대하여는 통상임금의 6할 이상을 가산지급하고(제48조 제1항), 휴일근로에 대하여는 "본법에서 정한 휴일에 지급할 임금 및 그 외 소당임금을 병합하여야 한다(제48조 제2항)"는 내용이다. iii) 태완선 의원 수정안은 "사용자는 제44조의 규정에 의하여 근로시간을 연장하였을 경우에는 그 초과된 부분에 대하여 임금의 5할 이상을 가산하여 지급하여야 한다(제48조)"는 내용이다.

(1) 주야간근로의 차이 인정 여부: 4개 법률안의 비교와 특징

주간근로와 야간근로에 대한 차이를 두어 그 기준을 구분하여 정할 것인지 여부에 따라 살펴보면 원안(3할과 5할)과 이진수 의원 수정안(5할과 6할)은 주야간을 구분하여 기준을 정한 반면에, 사회보건위원회 수정안과 태완선 의원 수정안은 이를 구분하지 않고 획일적으로 5할로 정한 것임을 알 수 있다.

가산임금의 적용대상(연장근로, 야간근로, 휴일근로) 기준에서 살펴보면 사회보건위원회와 이진수 의원 수정안 사이에는 차이가 없고 단지 야간근로(사회보건위원회는 5할, 이진수 의원은 6할)의 보호 비율에서만 다를 뿐이다.

(2) 주야간근로의 획일적 취급: 태완선 의원 수정안

태완선 의원은 갱내 작업이나 3교대제 근로에 있어서는 "10일에 한 번씩 그 시간을 바꾸는……순번제로 함으로 그 불균형이 없어지는" 즉 "3교대윤번제로 해가지고 10일씩 시간상 공평하게 할 수 있는 것"이기 때문에 주야간근로에 차이를 둘 현실적 필요가 없다고 주장하면서 "군정법령에 의한 5할을 3할로 깎아내린 데 대해서는 현재 제도보다는 나쁘게 만든 데 대해서 용납할 수 없다"고 수정안을 제출한 이유를 밝혔다.[54]

(3) 보건을 위한 야간근로, 휴일근로 보호 필요성: 이진수 의원 수정안

이진수 의원은 특히 유급휴일의 근로에 대하여 "그 휴일 날에 보건을 해(害)해가면서도 그 휴일 날 나와서 일하고 작업관계를 한다든지 본인의 노동자의 생활대책으로 본다든지 몸덩이가 부서지든 말든 '오버타임'으로 보아주십시오 하는 것밖에" 없으므로 이를 가산임금으로 보호해야 된다면서 "그 이유는 보건을 위하여 노동자의 근로기준을 위하여 본법을 정하는 것"[55]이라고 표명하였다.[56] 이진수 의원은 야간

54 국회속기록 제15회 제51호, 7면 중단.

근로에 대하여 "야간은 건강에 특히 필요한 수면을 박탈한다고 하는 의미에서 현재 6할 내지 7할을 주고" 있기 때문에 이것을 5할(다른 3개 의안)로 한다는 것은 "수면까지 박탈해 가면서 여기에 대우까지 박탈한다고 하면 2중 착취를 기업주는 할 수 있는 권한을 부여하게" 되어 결국 "근로자의 생활을 박탈"하게 되는 결과에 이른다고 다른 의안을 비판하였다.[57] 조광섭 의원은 "지금 현실로 받고 있는 것이 6할에 해당한 이러한 가산임금을 받고 있는데 여기에 법을 작정해서 도로 3할이나 5할로 내린다는 것은 모순된다"고 하면서 사회보건위원회의 수정안은 "5할 이상이라고 되어 있으니 6할도 7할도 될 수 있을 것"이라고 하여 최선으로는 이진수 의원 수정안을, 차선으로는 사회보건위원회 수정안을 지지할 것을 역설하였다.[58]

(4) 사회보건위원회의 수정안 가결

태완선 의원 수정안은 철회되고, 이진수 의원 수정안은 미결(재석원수 101인, 가 9표)되어 결국 사회보건위원회 수정안이 가결(재석원수 102인, 가 55표)됨으로써 시간외 근로에 대한 통상임금 5할 이상의 가산임금제가 채택되었다.[59]

---

55 국회속기록 제15회 제51호, 7면 하단.

56 이진수 의원은 국가 초비상시의 현실 문제로서 근로자의 보건을 위하여 휴일근로의 가산임금 문제를 다음과 같이 강조하였다. "노자협조의 정신 밑에서 나왔든지 그 사람이 생활고에서 나왔든지 국가 초비상시 이와 같은 동태로 해서 현실문제는 근로자는 동란 이래에 쉬지 못하고 있습니다. 쉬지 못하고 있어서 보건상 막대한 지장을 가지고 있습니다. 생활고에 죽지 못해서 일을 하면서……이걸 '오버타임'을 가산해 줌으로써 일요일의 의료 약값 정도로 주는 것을……통과해 주시기 간절히 부탁합니다." 국회속기록 제15회 제51호, 8면 상단.

57 국회속기록 제15회 제51호, 9면 상단.

58 국회속기록 제15회 제51호, 8면 상단–중단.

59 국회속기록 제15회 제51호, 10면 상단–중단.

2) 야간근로의 원칙적 금지

원안은 "여자와 18세 미만자는 하오 10시부터 상오 6시 사이에 사용하지 못하며 또 휴일근무에 종사시키지 못한다. 단 만 16세 이상의 남자에 한하여 사회부의 허가를 얻은 경우에는 예외로 한다(제58조)"인데, 보건사회위원회 수정안은 제58조 단서 중 "만 16세 이상의 남자에 한하여"를 삭제하자는 주장이고, 김지태 의원 수정안은 제58조 전부를 삭제하자는 내용이다.

(1) 의료(衣料)생활 해결과 실업자 방지를 위한 야간작업 허용: 김지태 의원 수정안

김지태 의원은 방직공장의 야간작업 금지는 의복 조달을 어렵게 하며 "야간작업은 주간작업 능력의 70%밖에 안 되기" 때문에 "기업주 자체가 야간작업을 원하지 않는 반면에 우리나라에서 현재 야간작업을 하고 있는 근로자 수는 굉장한 수에 달하고" 있으므로 "만약 이것을 금지하는 날에는 수많은 근로자가 실업자로 화해서 거리에 방황할 것"이라고 하며 다음과 같이 야간작업 허용의 타당성을 표명하였다.[60]

> 이러한 면으로 볼 때 국민의 의료생활을 해결하는 일면 또는 실업자를 보호 방지하는 의미에서라도 야간작업을 금지하는 원칙을 철폐해야 된다는 것입니다. 더구나 오늘날과 같이 전력이 좋지 못한 이때에 있어 가지고 주간에는 전력이 부족해서 부득이 야간작업을 하는 수가 많은 것입니다. 이렇게 본다면 오늘 우리나라 현실에 야간작업을 하지 않을 수 없나 있느냐는 자명한 일이라고 생각해요.

60 국회속기록 제15회 제52호, 5면 중단－하단.

(2) 18세 미만은 야간근로 금지원칙 지향: 사회보건위원회 수정안

김용우 사회보건위원장은 야간근로는 발육장해를 가져오므로 "만 18세 미만의 소년에 한해서, 즉 소년소녀에 한해서는 주간에 근로하게 하고 만 18세 이상의 성년에 한해서 야간근로를 하도록 하는 것이 타당"하다고 하면서 "만일 또 그 기업체 자체가 미성년으로써 야간작업을 하지 않으면 유지가 안 된다고 하면 잠정적 조치로서 사회부의 허가를 얻어서 운행하면서 점진적으로 성년을 야간에 종업하도록 하고 미성년은 될 수 있는 대로 주간에 근로케 하자고 하는 것"이라고 수정안 제출이유를 밝혔다.[61] 이진수 의원은 "소년소녀들의 발육기를 보호하기 위해서 …… 영양실조에 빠진 소년소녀에 대하여 야간수면만은 우리가 보장해주자는 것"이 우리의 사명이라고 주장하면서 "소년소녀 이외의 근로자로써 야간작업을 넉넉히 강행할 수 있다고 하는 것"을 밝히면서 위원회 수정안을 지지하였다.[62] 임기봉 의원은 야간작업을 통한 산업증강 달성 발언은 "본래 일본자본주의 착취를 목적하던 사람들의 한 상투수단"이라고 비판하면서 노동운동의 중요과제인 소년소녀의 야간작업 금지는 "생리적으로 발육해 나가는 2세 국민의 신분을 우리가 보장한다"는 의미가 있다고 하여 이들의 야간작업 허용을 반대하였다.[63]

(3) 사회보건위원회의 수정안 가결

1차 표결에서 김지태 의원 수정안(재석원수 96인, 가 16표), 사회보건위원회 수정안(재석원수 96인, 가 48표), 원안(재석원수 96인, 가 2표)이 과반

---

61 국회속기록 제15회 제52호, 6면 중단.

62 국회속기록 제15회 제52호, 6면 하단.

63 국회속기록 제15회 제52호, 7면 상단.

수 미달로 모두 미결되고, 2차 표결에서 사회보건위원회 수정안이 가결(재석원수 99인, 가 71표)되어 18세 미만자의 주간근로원칙이 보장되었다.[64]

3) 유급병가 삭제

원안은 "사용자는 1개월에 대하여 1일의 유급휴가와 2일의 유급병가를 주어야 한다(제49조 제1항). 전항의 규정에 의한 유급휴가는 근로자의 자유의사로 적치할 수 있으며 또는 분할하여 사용할 수 있다(제49조 제2항)"인데, 김지태 의원 수정안은 원안 제49조 제1항의 "2일의 유급병가"를 삭제하자는 것이다.

(1) 유급병가는 근로자의 건강 회복을 위한 필수조치: 원안

김용우 의원은 "근로자는 자기가 어떤 재산을 축적하지 못하고 있느니만치 병으로 인한다고 하면 자기가 보통 생활하는 그 비용보다도 더 많이 날 것"이라고 지적하면서 "만일 여기에 대해서 돌봐주지 못하면 그 근로자는 건강을 회복하기에 힘들까 하는 이런 생각에서 반드시 병이 나면 이틀 동안의 유급기간을 줘야 할 것"이라고 주장하였다.[65]

(2) 유급병가제도로 인한 근로기회 상실 우려: 김지태 의원 수정안

김지태 의원은 근로기준법안에 따르면 1년에 102일이 휴일로 책정[66]

---

64 국회속기록 제15회 제52호, 7면 중단.

65 국회속기록 제15회 제51호, 11면 상단.

66 김지태 의원은 근로기준법안의 휴가일수를 다음과 같이 계산하였다. "현재 이 원안으로 되어 있는 것을 일일이 따져서 계산해 보면 매월 한 달의 유급이 매월 8일씩이에요. 1년에 12번, 유급병가일이 24번, 개근하면 8번, 1년 일요일이 41번 41일, 국경일 기타

되어 있으므로 "사흘에 이틀 일하고 하루 노는 격식"이라고 지적하면서 사회보건위원회가 "너무나 보건적인 입장에서 이것을 고려하고 산업정책면을 하등 고려치 않은" 결과 "한 달에 병가 이틀씩 있다 하는 것을 오히려 이 법을 둠으로 해서 우리 근로자들이 근로할 기회를 잃어버리지 않을까" 하는 우려 때문에 이의 삭제를 요구하였다.[67] 김봉재 의원은 "우리나라와 같이 빈약한 산업구조에 있어서 또한 우리나라와 같이 빈약한 자본의 국성에 있어서 과연 이러한 법의 제정으로서 근로자의 충분한 휴양과 경제적인 향상을 그 목적을 달성할 수 있을까 하는 문제는 지극히 의심"되지 않는 바가 아니라면서 김지태 의원 수정안을 지지하는 발언을 하였다.[68]

(3) 김지태 의원 수정안 가결

김지태 의원 수정안이 재석원수 106인, 가 56표로 가결되어 유급병가제가 삭제되었다.[69]

4) 가족수당 삭제

원안은 "사용자는 생활능력이 없는 근로자의 부양가족에 대하여는 가족수당을 지급하여야 한다(제41조 제1항). 전항의 가족수당 지급에 관하여 필요한 사항은 명령으로써 정한다(동조 제2항)"인 데 대하여, 사

법정 공휴일이 열흘, 생리휴일이 36일, 명절 추석기 경축이 6, 7일, 이것을 합하면 1년에 휴가하는 날이 102일입니다. 1년 360여 일 가운데에서 102일을 이 법안에서 휴가일로 책정한다는 것입니다." 국회속기록 제15회 제51호, 10면 하단.

67 국회속기록 제15회 제51호, 10면 하단－11면 상단.

68 국회속기록 제15회 제51호, 11면 중단.

69 국회속기록 제15회 제51호, 11면 하단.

회보건위원회 수정안은 이 조문을 삭제, 즉 가족수당제도를 두지 말기로 하자는 것이다.

김용우 사회보건위원장은 가족수당의 지급이 "오히려 가족이 많은 사람이 취직하기가 어렵게 될 것"이 아닌지 하는 생각에서 그 삭제를 주장한 것이라고 밝혔다.[70] 수정안(재석원수 94인, 가 20표)과 원안(재석원수 94인, 가 11표)이 미결[71]되어 이어진 재차 토론에서, 임기봉 의원은 "서양과 같은 상당한 생활을 할 수 있도록 기본 최저임금제"가 마련된다면 수정안이 온당하다고 보겠지만 "특히 없는 살림살이에서 어린아이를 많이 거느리고 많은 가족을 거느리고 있는 노무자로 하여금 생활을 할 수 있게 하려면" 원안이 타당하다고 주장하였다.[72] 이에 대한 반대의견으로 백남식 의원은 가족수당을 "만일 지급한다고 하면 재정이 없어서 현재도 유지 못하는 처지에 있어서 문을 폐쇄하고 말 것"이므로 "가족수당의 지급규정이 통과된다면 오히려 근로자를 위하는 것이 아니고 근로자를 죽이고 마는 것"이라는 측면을 강조하였다.[73] 오의관 의원은 "만일 가족이 많은 사람을 여기에 전부 가족수당을 준다고 하면 이렇게 된다면 다른 노동자에 대해서 기본채금(基本債金)이 저하"되므로 "자연히 취업능력이 나빠질 것이고 여러 가지 사회적으로 혼란을 일으키기 때문에" 가족수당제도를 반대한다고 발언하였다.[74]

2차 표결에서 사회보건위원회 수정안이 가결(재석원수 95인, 가 58표)되어 가족수당이 삭제되었다.[75]

---

70 국회속기록 제15회 제49호, 2면 상단.
71 국회속기록 제15회, 제49호, 2면 상단.
72 국회속기록 제15회 제49호, 2면 중단-하단.
73 국회속기록 제15회 제49호, 2면 하단.
74 국회속기록 제15회 제49호, 3면 상단.
75 국회속기록 제15회 제49호, 3면 중단.

5) 평균임금의 정의

원안은 "본법에서 평균임금이라 함은 이를 산정하여야 할 사유가 발생한 날 이전 3개월간에 그 근로자에 대하여 지급된 임금의 총액을 그 기간의 총 일수로 나눈 금액을 말한다. 단 이 금액은 대통령령으로써 정한 일정한 금액에 미달하여서는 아니된다(제20조)"이다. 이에 대하여 사회보건위원회 수정안은 제20조 중 "총 일수"를 "총 근로일수"로 바꾸면서 동시에 제20조의 단서조항을 없애고 대신 "취업 후 3개월 미만도 이에 준한다"는 내용을 삽입하자는 것이다. 태완선 의원 수정안은 제20조 중 "총 일수"를 "가동 일수"로 고치자는 것이고, 이진수 의원 수정안은 사회보건위원회 수정안과 같은 내용인데 다만 제20조의 단서조항 후반에 "이 금액은 대통령령으로써 정한 일정한 금액에 미달하여서는 아니된다"는 내용을 추가하는 것이 위원회 수정안과 다를 뿐이다.

태완선 의원은 '산정하여야 할 사유가 발생한 날 이전 3개월간' "그 기간 중에 해당된 근로자가 병이나 기타 불가피한 사유로서 근로를 못했을 경우 다시 말하자면 그 기간에 채울 근로일수를 채우지 못한 근로자에 대해서 만일 이것을 전체적인 총 근로일수로 제한다고 할 것 같으면 그것은 금액이 매우 적어지는 것"으로 타당하지 않기 때문에 수정안을 제출한 것이라고 밝혔다.[76] 그러나 태완선 의원은 사회보건위원회 수정안이 자신의 것과 같은 취지이므로 스스로 수정안을 철회하였고, 이진수 의원도 자신의 수정안을 철회하여 사회보건위원회 수정안이 이의 없이 통과됨으로써 평균임금의 산정기준이 '총 근로일

---

76 국회속기록 제15회 제48호, 12면 하단.

수'로 변경되었다.[77]

6) 근로조건 위반으로 인한 손해배상의 청구 신설

원안은 "전조의 규정에 의하여 명시된 근로조건이 사실과 상위하였을 경우에는 근로자는 즉시 근로계약을 해제할 수 있다(제24조 제1항). 전항의 규정에 의하여 근로계약이 해제되었을 경우에는 사용자는 취업을 목적으로 거주를 변경한 근로자에게 귀향 여비를 지급하여야 한다(제24조 제2항)"이다. 이진수 의원 수정안은 제24조 제1항 후단에 "근로조건 위반으로 인한 손해변상을 청구할 수 있으며"를 추가하고 따라서 제24조 제2항 첫머리에 "전항의 규정에 의하여 근로자가 손해변상을 청구할 경우에는 노동위원회에 신청할 수 있으며"를 규정하자는 것이다. 원안이 근로계약 해제만을 규정한 데 비하여 수정안은 손해배상청구까지 보장하고 그럴 경우 노동위원회에 이를 신청하도록 하자는 점이 구별되는 특색이다.

이진수 의원은 "기업주의 일방적인 횡포한 행위를 방지"하기 위한 것으로서 "기왕 노동위원회가 있으니까 그 해고가 기업주의 위반적인 행위가 아닌지 그것을 재심해서 무리한 실직자를 내지 않겠다고 하는 것" 즉 "무리한 횡포해고 방침을 견제"하려는 취지에서 수정안을 제안한 것이라고 밝혔다.[78] 김지태 의원은 "사용자는 이 근로계약을 존중"하여 "엄수해야 될 것"이므로 "입장이 약한 근로자를 보호하는 이 법에 있어서는 반드시 이 수정안을 채택"함으로써 "기업주는 손해배

77 국회속기록 제15호 제48호, 13면 상단-중단.

78 국회속기록 제15회 제48호, 13면 하단.

상에 의당히 응해야 될 것"이라고 하여 수정안을 찬성하였다.[79] 또한 오의관 의원도 "사회보건위원회에서 여기에까지 착안 못했던" 수정안은 "일보 전진한 것"이라고 찬성 발언을 하였고, 결국 이진수 의원 수정안이 가결(재석원수 94인, 가 74표)되었다.[80]

7) '근로자의 귀책사유'로 인한 해고의 노동위원회의 인정 신설

원안은 '해고자에 대한 지급'을 규정한 제29조 제3항으로서 "전 2항의 규정은 천재사변 기타 부득이한 사유로 사업 계속이 불가능하여 사회부의 인정을 받은 경우 또는 근로자의 귀책사유로 인하여 해고된 때에는 예외로 한다"는 것인데, 이진수 의원 수정안은 다음과 같이 제29조 제4항을 신설하여 "전항 후단의 경우에는 근로자의 귀책사유에 관하여 노동위원회의 인정을 받아야 한다"로 규정하자는 것이다.

김용우 사회보건위원장은 "노동자의 인책사유로 인해서 해고될 경우에는 예외로 한다고 했기 때문에 이 예외로 하는 경우에는 근로자가 책임져야 옳을 것이냐 하는 것을 노동위원회의 인정을 받아서 정한다고 하는 것이 의도인 것"으로 "대단히 좋은 의견이라고 생각"한다고 수정안 찬성발언을 하여, 이의 없이 수정안이 통과되었다.[81]

---

79 국회속기록 제15회 제48호, 13면 하단.
80 국회속기록 제15회 제48호, 14면 상단.
81 국회속기록 제15회 제48호, 14면 하단.

8) 1일 유급 생리휴가

원안은 "사용자는 생리일의 취업이 곤란한 여자 또는 생리일에 유해한 업무에 종사하는 여자가 생리휴가를 청구할 경우에는 월 3일의 유급 생리휴가를 주어야 한다(제61조 제1항). 전항의 업무의 범위는 명령으로써 정한다(제61조 제2항)"이고, 사회보건위원회 수정안은 "사용자는 여자가 생리휴가를 청구할 경우에는 월 1일의 유급 생리휴가를 주어야 한다(제61조)"이다. 김지태 의원 수정안은 "사용자는 생리일에 취업할 여자가 위생물품을 청구할 경우에는 무상으로 지급하여야 한다(제61조 제1항). 유해한 업무에 종사하는 여자가 생리휴가를 청구할 경우에는 2일의 유급 생리휴가를 주어야 한다(동조 제2항). 전 항의 업무의 범위는 명령으로써 정한다(동조 제3항)"이다. 사회보건위원회의 수정안은 원안의 유급 생리휴가 3일을 1일로 줄인 데 비해, 김지태 의원 수정안은 유해업무에만 2일의 생리휴가를 인정하고 원칙적으로 생리휴가를 폐지하는 대신에 위생물품의 무상지급을 사용자의무로 규정한 점이 구별된다.

김지태 의원은 "근로 중에 있는 여자가 준비 없이 돌연적으로 생리를 당한 그때"에 "그에 대한 적절한 위생물자"를 "여자지도원에 맡겨서 이것으로써 적절히 처리해서 그날의 휴일을 방지하고 생산에 이바지하자는 것"이 현실적으로 타당하다고 하면서 "사용주의 상당한 부담 하에서 위생에 대한 근로자의 보건을 도모하는 것"이 옳은 동시에 "특히 생리에 유해되는 해가 있는 작업에 대해서는 당연히 2일 이상 휴가를 주어야 될 것"이라고 주장하였다.[82] 김용우 사회보건위원장은

---

82 국회속기록 제15회 제52호, 9면 상단.

"박순천 의원께서 각 방직공장을 방문하시고 거기서 여러 종업원들의 실태를 조사해본 사실"에 따르면 "여자들이 바라는 것은 될 수 있는 대로 자기들이 일을 하고 임금을 받는 것이 당연하다고 생각을 하면서 최소한도로 자기네들이 생각하는 것은 유급휴일을 하루로 정해주는 것이 어느 정도 타당하다고 하는 이러한 공통된 그런 말"을 들었다고 전하였다.[83]

박순천(朴順天, 1898) 의원(종로 갑, 대한부인회, 니혼여자대학 사회학부 여공보전과 졸업, 대한부인회 전국회장, 부인신문사 사장)은 "여론조사를 해보니까 유급으로 하루를 쉬게 해도 자기들의 성적에 관한 때문에 특별한 증세가 없을 때에는 쉬지 않으리라는 것"을 들었다고 하면서 "국민의 어머니" 즉 "국민보건을 위해서 모체인 어머니의 건강"을 유지하려면 최소한도 1일의 유급 생리휴가가 절실하다고 역설하였다.[84]

김지태 의원 수정안은 미결(재석원수 100인, 가 5표, 부 1표)되고, 사회보건위원회 수정안이 가결(재석원수 100인, 가 85표)되어 1일의 유급 생리휴가제가 인정되었다.[85]

9) 연소근로자의 근로시간 제한

원안은 "만 13세 이상 16세 미만자의 근로시간은 1일에 6시간 1주일에 36시간, 16세 이상 18세 미만자의 근로시간은 1일에 7시간 1주일에 42시간을 초과하지 못한다. 단 사회부의 허가를 얻은 경우에는 1일에 2시간 이내의 한도로 연장할 수 있다(제57조)"인데, 김지태 의원 수

83 국회속기록 제15회 제52호, 9면 상단-중단.

84 국회속기록 제15회 제52호, 9면 하단.

85 국회속기록 제15회 제52호, 10면 상단.

정안은 제57조의 단서는 그대로 두고 그 본 조항을 "만 13세 이상 16세 미만자의 근로시간은 1일에 7시간 1주일에 42시간을 초과하지 못한다"이다. 원안은 18세 미만 근로자의 근로시간을 16세를 기준으로 위아래 2단계로 나누어 보호하는 데 비하여 김지태 의원 수정안은 이를 하나의 기준으로 통일하여 16세 미만자만 보호하도록 한 점에 차이가 있다.

김용우 사회보건위원장은 16세를 전후한 연령에 따라 "발육에 있어서 차이가 있는 것"이므로 "그 시기에 잘못 보호하면 성년이 되어서 성년시기에 미치는 영향이 있기 때문에 두 단계로 나눈 것"이라고 원안의 취지를 밝혔다.[86] 김지태 의원은 원안에 따르면 성년 근로자를 포함하여 "한 직장에서 근로시간을 달리하는 세 가지 종류의 근로자가 있다는 것"을 현실적으로 생각해야 된다는 점, 그리고 미성년 근로자가 노동을 "오히려 오후에 1시간 하기보다는 2시간 해서 생산을 증강하고 그네들이 이익을 더 받도록 하는 것이 이 전시 하에" 옳지 않을까 하는 점을 들어 수정안의 현실적 타당성을 제시하였다.[87]

별다른 토의 없이 김지태 의원 수정안이 가결(재석원수 94인, 가 51표)되어 결국 16세 미만자의 근로시간 제한이 인정되었다.[88]

10) 친권자의 미성년자 임금 대리수령금지 삭제

원안은 "친권자 또는 후견인은 미성년자의 임금을 대리수령할 수 없다(제56조 제2항)"인데, 사회보건위원회 수정안은 이 조항을 삭제하자

86 국회속기록 제15회 제52호, 5면 상단.
87 국회속기록 제15회 제52호, 4면 중단.
88 국회속기록 제15회 제52호, 5면 상단.

는 것이고 이진수 의원 수정안은 미성년자의 유고 시에 친권자의 대리수령을 인정하자는 내용이다.

김용우 사회보건위원장은 미성년자의 판단이 완전하지 않으므로 "임금을 잘못 사용하기가 쉬운" 점과 미성년자 유고 시 대리수령이 필요한 점을 들어 위원회 수정안 제출의 이유를 밝혔고,[89] 또한 이진수 의원은 친권자 등이 미성년자의 임금을 악용할 우려가 있으므로 본인 임금수령을 원칙으로 하지만 본인 유고 시에 국한하여 친권자 등의 대리수령을 허용하자는 것이 수정안 제출 이유라고 제시하였다.[90]

이진수 의원 수정안은 미결(재석원수 94인, 가 11표)되고, 사회보건위원회 수정안이 가결(재석원수 94인, 가 51표)되어 친권자의 미성년자 임금 대리수령금지 조항이 삭제되었다.[91]

11) 벌칙조항

원안의 벌칙조항(제108조, 제109조-제111조)에 대하여, 김지태 의원은 제108조의 5년 이하의 징역을 1년 이하로 줄이는 한편 제109조 이하의 체형을 없애고 벌금형으로 고치자는 수정안을 제출하였다. 김지태 의원은 벌칙조항의 내용이 "체형 또는 벌금형에 처하는 것이 49조문, 벌금형이 39조문"인데 "이 근로기준법 가운데에는 실지에 운영하기 어려운 조문이 많이 있다"고 분석하면서 "이 법대로 꼭 실천하게 된다면 우리나라에 있는 기업주는 거반 다 감옥에 들어가야" 될 형편이므로 "이 법의 정신이 사업주를 감옥에 넣는 것이 아니겠고 되도록이면

89 국회속기록 제15회 제52호, 3면 상단.
90 국회속기록 제15회 제52호, 3면 하단.
91 국회속기록 제15회 제52호, 3면 하단.

우리나라 산업을 잘 발전시키기 위해서 산업인의 의욕을 말멸(抹滅)시키는 법을 정해서는 안 될 것"이라고 벌칙규준의 수준을 낮추도록 주장하였다.[92]

김지태 의원 수정안이 별다른 이의 없이 가결(재석원수 94인, 가 50표)되어 벌칙조항이 체형에서 벌금형 등으로 완화되었다.[93]

4 법 시행의 회의론과 연기론: 법의 실효성 문제

근로기준법 제정심의에서 가장 이변적인 특색은 그 법안의 내용에 관한 타당성을 심의하면서 동시에 계속하여 법 시행의 실효성에 관한 회의론과 심지어 표결사태까지 초래한 심의 보류론과 시행 연기론이 등장한 사실이다.

1) 회의론

근로기준법 시행에 대한 회의론은 전시상태 경제 상황의 악조건, 행정부의 재정조치에 대한 확실한 대책의 결여와 기업 및 노동실태에 대한 조사통계의 미흡, 그리고 행정부에 대한 강한 불신 등 복합적 원인을 배경으로 하여 등장하였다.

(1) 재정조치의 확실한 방침에 대한 의문

신광균 의원은 근로기준법을 반대하는 것은 아니지만 그중 특히 "재

92 국회속기록 제15회 제54호, 2면 상단.

93 국회속기록 제15회 제54호, 2면 상단–중단.

해보상에 관한 조항, 안전과 보건에 관한 조항, 이런 것은 그 사업체나 기업체의 재정적 조치가 거대한 금액이 수반되지 않으면 이 법의 실시가 되지 않을 것"으로 본다면서 "정부에서 꼭 실시할 방침을 확정해 가지고 할 수 있겠느냐"고 질의하였다.[94] 신광균 의원은 "이 기준법을 실시하는 데 이바지시키기 위해서" 사업체나 기업체로 하여금 "이 기준법을 실시하는 데 필요한 재정적 조치를 하도록 하는 법안을 만들어야 될 것"이라면서 "예를 들면 재해보상이면 재해보상의 기금 안정성 그런 재정적 조치를 하도록 하는 그런 사업단체법안 등을 만들 필요가 있다"고 주장하였다.[95] 신광균 의원은 "사회부차관이 오늘 아침에 제시한 표에 따르면 5인 이상의 사업체 또는 직장이 대개 4,500여 개소"인데 "이 법을 실시함으로 말미암아 개중에는 이 법을 지키려면 운영에 심히 곤란한 점이 있지 않을까 염려"된다고 하였다.[96]

김봉재 의원은 노자 쌍방에 도움이 될 수 있는 근로기준법의 시행이 되기 위하여 행정부가 "사회보험제도 등 어떠한 명목으로든지 이러한 기업가를 유지하면서 근로자의 이익을 옹호해 나가는 한 개 국가적인 정책"[97]을 구상하고 있는지, "여기에 대해서 구상한 점이 있으면 추상적이 아니고 구체적으로 어떻게 하면 그 재정수요에 대해서는 어느 정도까지 구상이 되어"[98] 있는지 의문을 제기하였다.

---

94 국회속기록 제15회 제20호, 18면 하단－19면 상단.
95 국회속기록 제15회 제23호, 5면 하단.
96 국회속기록 제15회 제23호, 5면 중단－하단.
97 국회속기록 제15회 제21호, 7면 상단.
98 국회속기록 제15회 제21호, 7면 중단.

(2) 기업과 노동의 실태조사 미흡

태완선 의원은 실제로 귀속사업체 혹은 국영기업체의 "지금까지 내려온 실태와 또 현재에 진행되고 있는 형편을 볼 때에는 적어도 노동자에 대한 이 법규 중 노동기준법에 관한 부분에 있어서는 제 생각 같아서는 아마도 이것이 실행 안 될 것" 같다고 하면서 "정부는 도대체 이것을 어떠한 실지적인 것을 가지고 이러한 법을 만들면서 실행하겠다는 것을 조금이라도 검토"해보았느냐고 물었다.[99] 태완선 의원은 우리나라 근로자는 "노임을 받고도 아직 최소한도의 생활보장이 되지 않고 있는" 실정이라 지적하고 "현재 기준법의 적용을 받을 수 있는 기업체에 있어서 기업체 수라든지, 운영 상태라든지 혹은 대체적인 총 노무자의 수라든지 현재 받고 있는 총임금의 평균이라든지 이것이 특히 국영기업체에 있어서 볼 때에 예산조치와의 관계라든지 혹은 생산물자의 판매가격이라든지 이러한 면에 있어서 실질적으로 어떠한 검토"를 하여 "타당한 법의 운영을 기할 수 있다고 하는 실질적인 조사"[100]를 정부가 했느냐고 질의하였다.[101]

정남국 의원은 "지금 근로기준법이 성공될 만한 공장수효라든지 그런 기업체가 과연 얼마나 되는지 막연해서 답답히 생각"하여 이 법이 "참으로 전쟁 후에 실행될는지 의문점이나 기왕 입법할 때에는 객관적으로 타당해야 될 것"이라고 강조하였다.[102] 정남국 의원은 "어떤

---

99 국회속기록 제15회 제20호, 19면 하단.

100 정남국 의원은 "어제 태완선 의원께서 정부에 대해서 우리가 국영기업체와 민간의 기업체의 정확한 숫자를 지시해 달라고 요구했는데 그 후에 답변이 일제 때에 통계를 가지고 있을지언정 그 외에 6. 25 동란으로 여러 가지로 해서 시방 정확히 수자를 파악할 수 없다는 그 보고"를 들었다고 밝혔다. 국회속기록 제15회 제21호, 4면 하단.

101 국회속기록 제15회 제20호, 20면 상단.

102 국회속기록 제15호 제21호, 4면 하단-5면 중단.

기업체에서 노동하는 것보다도 해운노동자, 부두 항만노동자에 대한 문제가 가장 시끄러운 것"이므로 "산업이 발달되지 못하고 기업체가 부족한 나라에서는 이 가두노동자에 대한 일정한 기준이 없으면 사회 질서가 유지되지" 않는다고 주장[103]하면서 "특히 옥외노동자에 대한 법안을 기준법안을 다시 제안할 용의가 있는지 없는지"[104] 질문하였다. 이에 대하여 김용우 사회보건위원장은 "이 기준법은 옥내 옥외를 막론하고 어떠한 곳이든지 이 기준법을 적용하는 것"이라고 답변하였다.[105]

(3) 전시 하의 경제적 악조건

김봉재 의원은 "이 법에 입각한 근로자의 모든 이익을 보장하는 문제는 지극히 이 전시 하 경제 상태로서는 곤란하므로 …… 근로자의 이익을 제대로 옹호할 수 있을 시기까지 전시 특별조치를 할 의사"[106]가 있는지를 행정부 측에 촉구하고 나서 "그 법은 통과되었댔자 법제대로 시행되기 어려울 것이고 거기에 수반되는 모든 산업계 곤란만을 가져와서 근로자를 위한 입법이 아니고 결과는 근로자를 해할 입법이 될 것"[107]이라고 전망하였다.

김지태 의원은 법안에 따르면 "휴일이 유급무급 합쳐서 101일"이고 정전 상태까지 고려하면 공장의 "실제 가동 일수는 약 반수밖에 되지" 않는다고 구체적으로 숫자를 밝히는 한편, "우리나라의 기계시설이

---

103 국회속기록 제15회 제21호, 5면 하단.
104 국회속기록 제15회 제21호, 4면 하단.
105 국회속기록 재15회 제21호, 9면 하단.
106 국회속기록 제15회 제21호, 7면 하단.
107 국회속기록 제15회 제21호, 8면 하단.

남의 나라에 비해서 떨어지고" 있으며 "이 공장의 자원, 면화라든지 석탄, 기름 모든 것이 외국"에 있으므로 "이런 악조건 밑에서 근로법이 통과된 후에 공장의 운영이 되겠느냐 안 되겠느냐 하는 문제"는 자명할 것이라고 발언하였다.[108]

(4) 행정부 자세에 대한 강한 불신

김봉재 의원은 근로기준법안 심의 첫날부터 사회부장관이 출석하지 않은 데 대하여 "과연 이로써 이 중요한 노동에 관계된 법률이 제정 시행될 때 행정부가 과연 이 법을 효과 있게 능률적으로 운영할 수 있느냐 하는 문제는 지극히 우려"된다면서 "현재와 같이 행정부가 아무런 구상도 없고 이대로 법이 제정되면 되는 대로 시행이 되면 되는 대로 하는 이런 식의 행정부의 태도라고 할 것 같으면" 지난날 국회가 제정한 전시생활개선법처럼 시행을 보지 못하는 결과에 이를 것이라고 정부의 자세를 비판하였다.[109]

임용순 의원은 "우리나라는 노동자의 보호정책을 쓰는 것이 아니라 노동자를 곤란화시키는 이러한 정책을 쓰는 것을 심히 유감"으로 생각한다면서, 세계노동동맹이 약속한 약 400만 달러의 원조를 받지 못한 경위와 관련하여 "정부가 노동자를 위해서 원조를 받으려고 노력하는 데에 협력하지 않고 대표를 파견하지 않았기 때문에 우리 노동자는 원조를 받지 못하였다는 것을 우리는 정부에 특히 경고"한다고 말하였다.[110]

---

108 국회속기록 제15회 제21호, 12면 중단.

109 국회속기록 제15회 제21호, 6면 하단.

110 국회속기록 제15회 제20호, 22면 하단. 임용순 의원은 정부의 비협조로 세계노련의 원조를 받지 못한 경위를 다음과 같이 밝혔다. "1948년 '파기스탄'에서 열린 노동회의에 우리 한국대표가 참가했고 또 그해 7월 1일에는 이태리에서 세계노동회의가 개최되었

2) 보류론: 제1독회

제1독회에서 계속된 근로기준법 시행에 대한 회의론 주장에 힘입어 급기야는 그 심의를 보류하자는 주장이 나와 표결까지 하게 되었다.

(1) 재정적자 보전과 국민경제 소생 때까지 법안 보류: 남송학 의원

남송학(南松鶴, 1903) 의원(용산 을, 대한국민당, 일본 와세다대학 정경과 교외생 졸업, 남양인쇄소 경영, 대한청년단 용산구단장)은 "우리 한국의 실태가 이러한 기준법안을 준수해 가지고 수습할 수 있느냐 없느냐를 우리가 검토"[111]할 때에 "한쪽으로서는 전쟁을 수행하는데 전력은 부족하고 생산업자에 대한 파멸 상태에 이미 봉착하고 있다는 것"[112]이 실태라고 지적하면서, "이 법에 대한 진의로서는 저도 120% 찬성할 수 있으나 …… 국가가 노심초사하고 3천만이 노심초사하는 신년도의 4조 2천억에 달하는 이 적자를 보전한 다음에 비로소 우리 한국경제가 어느 정도까지 소생하는 날에 이르기까지 이 법안을 보류하는 것"[113]을 제의하였다.

습니다. 그때 한국대표로 전진한 씨가 참가해서 우리 한국은 이런 동란으로 인해서 노동자가 가련한 …… 상태에 있으니 세계노동연맹에서 우리 한국노동자를 원조해 달라고 요청해서 그 당시 한국 노동자를 위해서 4백 4십만 불을 신청하였습니다. 그래서 이것이 효과가 되어서 4285년 7월 1일 이 회의가 개최되었습니다. 그래서 세계노련에서는 한국대표를 초청해서 이태리에서 열리는 회의에서 4백 4십만 불은 한국에 대한 원조가 있으니 참석해 달라는 이런 통고를 받고 또한 한국 노동조합에서도 이런 통고를 받았습니다. 그 당시 한국 노동조합에서는 대표를 파견하려고 했으나 그 당시 정부에서 허가하지 않았기 때문에 역시 4백 4십만 불 원조받은 것을 잃어버리고 말았습니다." 국회속기록 제15회 제20호, 22면 중단-하단.

111 국회속기록 제15회 제23호, 5면 하단.

112 국회속기록 제15회 제23호, 6면 중단.

113 국회속기록 제15회 제23호, 6면 하단.

(2) 국정감사 종료 때까지 제2독회 넘기는 것을 보류: 태완선 의원

태완선 의원은 "우리 헌법에 의거하거나 또 진실로 물론 전시하라고 할지언정 노동자의 지위를 향상"하는 것은 "우리나라 국정으로 봐서 응당 빨리 해야 될 것"이므로 "이런 긴급한 문제를 …… 막연한 시일로 끈다고 하는 것은 우리로서 할 일이 아니라고 생각"하여 남송학 의원의 무기한 보류주장에 반대하였다.[114] 태완선 의원은 의사진행 발언을 통하여 법안의 심의를 당시 국회에서 예정되어 있던 국정감사가 종료될 때까지 제2독회로 넘기는 것을 보류하자고 다음과 같이 그 이유를 밝혔다.[115]

> 여러 번 지적했습니다마는 과거 국민생활개선법처럼 곧 시행 안 될 것이 빤하게 보이는 그 법률을 이것을 2독회를 거쳐서 정부에 이송한다는 것은 입법부로서 시행되지 않을 것을 예기하면서 국회에서 이 법을 통과시키는 것은 국민에 대한 죄악이라고 생각합니다.

(3) 태완선 의원 동의 가결

제1독회를 계속하면서 국정감사가 종료될 때까지 제2독회로 넘기는 것을 보류하자는 태완선 의원의 동의가 재석원수 93인, 가 51표, 부 1표로 가결되었다.[116]

---

114 국회속기록 제15회 제23호, 7면 상단.
115 국회속기록 제15회 제23호, 7면 중단.
116 국회속기록 제15회 제23호, 7면 중단.

3) 연기론: 제2독회

제2독회의 마지막 날인 1953.4.15. 국회 제54차 회의에서 본문 조항에 대한 수정안의 심의를 마무리하고 끝으로 부칙을 심의할 때, 제1독회에서 심의보류를 제안했던 남송학 의원이 또 다시 그 무기한 시행연기를 제안함으로써 근로기준법 시행을 저지하려는 움직임이 끝까지 지속된 실로 놀라운 사실이 일어났다.

원안인 부칙 제113조의 "본법은 공포일부터 시행한다"에 대하여, "공포일부터 90일 이후 시행"하자는 사회보건위원회 수정안과 그 "시행일은 대통령령으로 정한다"는 남송학 의원 수정안이 각각 제출되었다. 사회보건위원회 수정안은 공포 후 3개월의 준비기간을 거쳐 반드시 시행하자는 것인 데 비하여 남송학 의원 수정안은 그 시행시기를 대통령령으로 정부에 일임함으로써 사실상 시행의 무기연기를 주장한 점이 다르다.

(1) 시행시기의 정부 일임: 남송학 의원 수정안

수정안 제출자인 남송학 의원을 대신하여 발언한 조주영(趙柱泳, 1900) 의원(남해, 무소속, 일본메이지대학 법과 졸업, 일본변호사시험 합격, 변호사)은 "이 법을 시행하는 데 만일에 실정에 맞지 않는 이러한 결과를 낸다고 하면 거기에 대한 부작용은 노동자에게 큰 불이익을 초래할 것"이라 지적하고 "이 법을 실시하는 데 있어서는 행정부에 있어서 모든 기업자의 시설이라든지 숙련직공에 대한 수효라든지 이러한 모든 면을 조사해서 …… 시행하도록 행정부에 일임하는 것이 가장 좋지 않을까 이러한 견지 하에서 수정안을 낸 것"이라고 그 이유를 제시하였다.[117]

(2) 3개월 준비 뒤의 시행: 사회보건위원회 수정안

① 김용우 사회보건위원장

김용우 사회보건위원장은 조주영 의원의 염려에 대하여 "위원회로서는 미리 사회부와 이 시행 날짜에 대해서 원안에 '공포일로부터 실시한다'는 것을 90일로 수정하자고 하는 그 점을 사회부와 여기에 대한 충분한 토의"를 했다고 밝혔다.[118]

② 전진한 의원

전진한 의원은 대한민국 수립 후 4년이 지난 뒤에 겨우 형식이라도 노동에 관한 법률이 구비되게 되었다고 전제하면서 "노동법안의 골자이요 그 핵심인 이 노동기준법을 무기연기해서 대통령령에다 맡긴다고 할 지경에는 이것은 노동법안을 안 만든 것과 마찬가지"이므로 "이래서는 우리나라의 노동자는 안심하고 살 수 없고 또 시행령은 정부에서 허가를 얻어서 적당히 연장할 수" 있기 때문에 이를 방지하기 위해 사회보건위원회 수정안을 지지한다고 주장하였다.[119]

> 오늘날 어차피 노동자를 옹호하는 이 법안을 완성하는 날에 있어서 실질에 있어서 무기 연기하는 이러한 형식을 취해서 이 노동법을 말살한다는 것은 이것은 너무나 우리 노동자에 대한 가혹한 처치가 되고 또 우리 노동자가 우리 의회에 대한 나아가서는 우리 정부에 대한 신임이 얕아지고 우리 국가산업과 대한민국 전체에 대한 염려를 줄여야 하기 때문에 적어도 이 위원회의 수정안

---

117 국회속기록 제15회 제54호, 3면 상단.

118 국회속기록 제15회 제54호, 3면 중단.

119 국회속기록 제15회 제54호, 3면 중단-하단.

90일 이후에 이 법률의 효력을 발생시켜야 합니다.

③ 엄상섭 의원

엄상섭 의원은 사회보건위원회 수정안을 절대 찬성하는 이유를 다음과 같이 밝혔다.[120]

노동자 농민을 위한다는 여러분이 근로기준법을 우리의 6대 법전인 형법보다도 앞세워 가면서 빨리 토의해 놓고 지금에 와서 그것을 무기연기로 대통령에다가 맡긴다는 것은 어떠한 데서 나온 것인지 알 수 없어요. 만일 그렇게 노동기준법을 실시하는 것이 무섭거든 애당초에 그 심의 자체를 보류시킬 것이지 지금 해당 분과위원회에서 충분히 정부 측과 고려해 가지고 타합(打合)해서 그래서 90일 기간을 두면 행정적으로도 준비가 다 될 것이라는 그러한 정부 측 증언까지 다 들어 가지고 나서, 심의 다 되어가는 이 무렵에 이것을 대통령에게 맡겨서 무기연기시켜야 된다는 이러한 사람들이 과연 노동자 농민의 이익을 주장하는 사람들인가 안 그런가 알 수 없어요.

(3) 사회보건위원회 수정안 가결

남송학 의원의 수정안은 미결(재석원수 94인, 가 9표, 부 1표)되고, 사회보건위원회 수정안이 가결(재석원수 94인, 가 66표)되어 근로기준법[121]은

---

120 국회속기록 제15회 제54호, 3면 하단.

121 근로기준법의 근로자의 '기본적 생활보장' 성격이 그 실효성의 관건이라고 홍영표 교수는 다음과 같이 논평하였다. "흔히 말하기를 '근로기준법은 현하 우리 한국의 실정으로서는 상부되지 않는 법률이다'라고들 한다. 그러나 이 견해는 반드시 그러하지도 않은 것이다. 왜냐하면 근로기준법은 이미 언급한 바와 같이 근로자의 기본적 생활—인간다운 생활—이라는 것에 대한 종래의 한국적인 사고방식의 근본적인 수정 위에 선 법률이기 때문이며 따라서 그 수정을 전제로 하는 한 근로기준법 정도의 것은 문명국에 있어서의 당연한 요청이기 때문이다. …… 만약에 근로자에게 국제적 수준 정도의

결국 공표일로부터 90일 이후 시행[122]하게 되었다.[123]

5 소결

근로기준법 제정심의의 가장 두드러진 쟁점은 두 가지 범주로 압축할 수 있다. 하나는 법 내용으로서의 근로시간제한과 관련된 문제이고 다른 하나는 법 시행에 관련된 그 회의론 내지는 연기론의 문제라고

근로조건을 보장할 수 없다고 한다면 한국의 자본주의 그 자체가 근본적으로 그 장점이나 또는 그 존재가치 자체를 의심 안 받을 수밖에는 없을 것이다. 역사는 이와 같이 판정을 내리는 것이다." 홍영표, 「노동법의 기본원리(7.完)」, 『법정』, 제12권 제4호: 통권 제96호(법정사, 1957.4), 37－38면.

122 김형배 교수는 당시 근로기준법의 실효성에 대하여 다음과 같이 부정적인 논평을 하였다. "이 법률의 근로기준의 내용은 당시에 있어서 구미 선진산업국가의 그것과 비교해도 손색이 없는 것이었지만, 우리나라의 실정은 이를 수용할 만한 경제적 여건이나 각 사업장의 실질적 능력이 성숙되지 못했기 때문에 법의 규정내용과 현실과는 상당한 괴리가 있었다. 그리하여 근로기준법에는 실효성이 없는 규정이 적지 않았으며, 전근대적 취업구조 및 산업구조로 인해 동법은 제대로 지켜지지 못했다고 할 수 있다." 김형배, 「제2부 노동법제」, 『노동경제 40년사』(한국경영자총협회, 1989.2), 74면.
근로기준법이 제대로 시행되지 않는 이유가 경제실정이나 기업실태보다는 오히려 행정당국의 책임이 더 크다는 다음과 같은 주장이 독특하다. "노동법을 직접 운용하는 행정당국이나 이를 적용하는 사법당국은 일반적으로 노동문제를 다루는 데 있어 반조합적 태도며 시민법적 판단을 가하고 있다. 이러한 당국의 태도가 현행 노동법을 거세하고 노동통제법화시키는 주요원인이 되고 있음은 물론이다. …… 근로기준법은 동법 위반을 취체하여 유효한 시행을 현실적으로 담보하는 근로감독관제를 채용하였으나(동법 11장) 아직 '근로감독관복무규정'을 제정하지 않고 있어 실제적으로 근로감독관제가 없는 것과 동일하다. 근로기준법은 현재 그림의 떡 모양으로 공문화(空文化)되고 있다. 그런데 동법은 헌법 17조 2항에 의해 제정된 법으로서 그 유효적절한 시행 없이는 개별 노동자의 생활이 보장될 수 없으며 따라서 그것을 생존권 보장의 일환으로 구상하고 있는 헌법에 배치한다. 그러므로 당국은 하루 바삐 근로감독관제를 살려 근로기준법이 명실공히 노동자의 생활을 보장하는 법으로서 역할을 하도록 해야 할 것이다." 오정근, 「노동법의 제도와 운용상의 문제점」, 『법정』, 6－9월호(1959.8), 44면.

123 국회속기록 제15회 제54호, 4면 상단.

볼 수 있다.

원안으로 확정된 유해위험작업 근로시간 제한과 수정안이 가결된 시간외 근로의 가산임금 및 여자와 연소근로자의 야간근로 금지 등의 논의는 찬반토론이 활발히 전개된 사항으로서 사실은 모두 근로시간 제한 문제로 귀결되는 하나의 쟁점이라고 이해할 수 있다. 이처럼 근로시간 제한이 핵심쟁점으로 부상된 이유는 당시의 비상경제 상황에서 기업옹호 측은 근로시간 제한을 준수하기 힘든 현실적 고려를 앞세웠지만 노동옹호 측은 근로자의 건강과 생활보장을 위한 규범적 요청을 강력하게 내세운 의견대립에서 비롯된 것이라고 풀이할 수 있다. 특히 기업인 출신인 태완선 의원이 유해위험작업 근로시간 제한의 삭제와 시간외 근로 임금가산 경우 주야간근로의 동일취급을 주장하고, 또한 김지태 의원이 여자와 연소근로자의 야간근로 금지 삭제를 주장하는 등 수정안을 제출하였다. 그렇지만 이 모두가 좌절된 것은 다수 의원이 경제현실론보다는 근로기준법의 규범적 지향을 크게 지지했다는 점을 반영한 현상이라고 쉽게 인정할 수 있으리라고 본다. 이처럼 근로시간 제한과 가산임금 쟁점 이외의 조항, 특히 안전보건과 재해보상 기타 사항에 대하여는 자구수정을 할 정도일 뿐 원안이 그대로 통과된 점이 두드러진 특색이라고 볼 수 있다.

문제는 근로기준법 시행에 대한 계속된 회의적 견해와 그 보류나 시행 연기 문제를 표결에까지 붙여졌다는 사실로서, 이 쟁점이야말로 근로기준법 제정심의 과정에서 드러난 최대의 이변이요 특징이라 아니할 수 없다. 주로 기업인 출신 의원들 중심으로 제기된 이러한 법시행의 회의론이 법의 제정 과정 전반에 걸쳐, 즉 제1독회 초반부터 제2독회 종반까지 계속 이어졌다. 이러한 사실은 한편으로 법 내용의 타당성을 검토하면서 동시에 다른 한편으로 그 법의 실효성을 담보하지 않으려는 독특한 '입법의 아이러니'로 볼 수 있다. 특히 남송학 의원은 제1독회가 종료되기 전에 이 법안의 심의를 보류하자는 의견을 냈지만, 표결에서 미결되었다. 그러나 제2독회가 끝날 무렵 부칙조항을 심의할 때 참의원은 또 다시 대통령령으로써 시행일을 정하자는 시행무기연기론을 주장하였지만 전진한, 엄상섭 의원의 강력한 반대로 무산되었다. 시행회의론의 배경에는 당시 엄청난 규모의 재정적자를 낸 전시 비상경제 상황 하에서의 기업의 현실적 어려움도 있었겠지만, 근로기준법 적용대상인 기업실태와 노동통계의 조사미흡 등으로 인한 정부의 시행능력에 대한 깊은 불신이 내재해 있는 것이라고 추론할 수 있다. 왜냐하면 당시 이에 앞서 제정된 이른바 전시생활개선법이 실제로 시행되고 있지 못한 사실을 시행회의론자 의원들이 '시행연기의 선례'로 거론하기 때문이다.

원안에 대한 수정안이 제출된 사항 중 심의 과정에서 찬반토론이 활발한 점을 기준으로 논의된 주요쟁점을 간추린 결과 18개 쟁점으로 압축되었는데 그중 원안 확정이 7개, 수정안 가결이 11개로 드러났다. 이 가결된 수정안 중 사회보건위원회 수정안이 시간외 근로의 가산임금 등 6개, 기업인 출신 김지태 의원 수정안이 월차유급병가 삭제 등 3개, 노동운동계 출신 이진수 의원 수정안이 근로조건 위반으로 인한 손해배상청구 등 2개로서 노자 양측의 주장이 각각 비교적 균형 있게 반영되었고, 또 전체적으로 보아 사회보건위원회의 합리적 조정기준(6개)과 노자쌍방이 제시한 기준(5개)이 균형적으로 채택된 것이 그 특징이라 하겠다. 원안이 확정된 사항(7개)에 대하여 기왕에 제출되었던 수정안 중 기업인 출신 태완선 의원 수정안이 유해위험작업 근로시간 제한 등 4개, 노동계를 대표하는 이진수 의원 수정안이 해고예고 등 3개로서 비록 채택은 되지 않았지만 노자쌍방이 각각 균형 있게 적극적 입법 활동을 벌인 것으로 평가할 수 있다.

전체적으로 보면 역시 김용우 위원장을 중심으로 한 사회보건위원회가 근로기준법 제정에 구심적 역할을 한 것이 그 특징으로 손꼽을 수 있다. 왜냐하면 원안도 정부안과 임기봉 의원 안을 사회보건위원회가 조정하여 단일 법안으로 제출한 것이고 보면, 그 뒤 합리적 기준을 새로이 제시하여 제출한 것이 사회보건위원회 수정안이므로, 위의 18개 주요쟁점 중 13개 쟁점(확정된 원안 7개, 가결된 사회보건위원회 수정안 6개)이 결국 사회보건위원회의 견해가 채택된 것으로 볼 수 있기 때문이다.

법안(원안과 수정안)의 제출과 그 심의 과정을 주도한 의원은 김용우 사회보건위원장을 중심으로 기업인 출신 김지태 의원과 태완선 의원, 노동계 대변의 이진수 의원 등을 꼽을 수 있다. 이들은 각자의 견해 차이에도 불구하고 모두가 관련 분야의 전문적인 식견과 법률적 사고력을 갖추었을 뿐만 아니라 상대방의 주장을 고려하는 균형감각을 가지고 자신의 일관된 기본원칙을 유지하는 점이 공통된 특징으로 드러난다. 김용우 위원장은 원안의 제안자이며 사회보건위원회 수정안 제출자로서 법안 각 조문의 취지 설명 및 이의 질문과 토론에 대한 답변에서 탁월한 전문가의 견해를 제시한 점이 돋보인다. 또한 김 위원장이 원안과 각 수정안의 차이점을 간결하게 밝혀줄 뿐만 아니라 의원들의 법리 오해를 명확하게 정리하는 점을 높게 평가할 수 있다. 경제적 현실 요청에 따라 근로시간 제한 문제 등에 대하여 기업의 주장을 옹호하였던 김지태 의원과 태완선 의원이지만, 이진수 의원의 수정안인 근로조건 위반으로 인한 손해배상청구를 적극찬성(김지태 의원)하고 또한 제1독회에서 남송학 의원의 법안 무기한 보류 주장에 맞서 이를 반대(태완선 의원)한 사실은 이들이 나름대로의 균형감각을 가지고 지켜야 할 기본원칙에 충실했다는 점을 보여주는 것이라고 하겠다. 특히 이진수 의원은 노동계를 대변하여 수정안 제출과 이를 관철하기 위한 발언을 노동현실의 체험을 바탕으로 적극적으로 전개하였지만, 헌법상 보장된 근로자의 이익균점권이 근로기준법의 근간이 되지 못한 것을 비판한 점은 노동운동가로서의 일관된 체계적 실천원리를 간직하였음을 보여준다고 하겠다.

또한 노동조합법 등 다른 노동3법의 제정에 주도적 역할을 하던 전진한 의원은 이승만의 정치적 탄압으로 대한노총위원장 자리에서 부당한 축출을 당한 상황에서 근로기준법 제정심의에는 종전처럼 적극적 역할을 하지 못하였다. 그러나 전 의원은 심의 초반부터 흐르던 시행연기론에 쐐기를 박아 근로기준법이 시행되는 결정적 역할을 한 점이 인상적이고 퍽이나 상징적이다. 즉 전진한 의원이 법안의 제2독회가 종료되기 직전 마지막 조항인 부칙(시행일) 심의에서 제기된 남송학 의원의 법 시행 무기연기론 주장에 맞서 엄상섭 의원과 같이 강력하게 반대하여 이를 막은 것은 근로기준법 탄생, 나아가 노동4법 제정 완결 주역의 멋진 마무리라고 볼 수 있지 않겠는가.

7장
결론

노동법 제정의 기폭제가 된 것은 무엇보다도 부산의 조방쟁의라고 여겨진다. 조방쟁의의 발단은 조방노조의 자주관리 지향에서 비롯된 것이지만 종국에 조방노조는 이승만 정권에 맞선 해방 후 최대규모의 유일한 대노동자투쟁을 전개하였다. 따라서 이승만 정권이 이를 무자비하게 탄압하고 노총분열공작을 통하여 쟁의지도자인 전진한 노총 위원장을 축출한 사실은 제헌헌법상 이익균점권을 보장하여 '사회민주주의'를 지향하려는 국가목표를 폐기하는 반동적 역행의 성격을 표출한 것이다.

그러나 전진한 의원을 비롯한 사회민주주의 지향세력은 이승만 추종세력과 자본가 대변세력인 민주국민당(한민당 후신)에 맞서 노동운동의 법적 교두보를 확보하기 위하여 국회에서 노동법 제정 운동을 전개함으로써 헌법의 국가목표를 수호하려고 한 점이 괄목할만한 특징이라고 평가할 수 있다. 노동법안의 우선상정 긴급동의안 제출과 원안에 대한 수정안의 제안 그리고 중요 심의쟁점에 대한 치열한 토론에 이르기까지 노동법 제정의 전 과정을 주도한 인물은 전진한 의원이고 전 의원의 활약을 대한노총 출신의 조광섭, 임기봉, 이진수 의원이 적극적으로 뒷받침한 것으로 볼 수 있다. 조방쟁의와 대한노총의 이승만 정권 정치도구화공작으로 전진한 의원과 반대편에 섰던 과거의 동지인 조광섭, 이진수 의원이 노동법 제정 시에 부분적인 의견 차이 외에는 전진한 의원의 수정안을 적극적으로 지지하여 서로 이의 가결을 위하여 협동한 점이 하나의 두드러진 특징으로 꼽을 수 있다. 장홍염, 정남국 의원은 비록 민주국민당 출신이지만 다른 대부분의 한민당 계열 의원과는 달리 전진한 의원의 수정안을 일관하여 누구 못지않게 적극적으로 찬성 발언하여 지지한 점이 또 하나의 특색이다. 사회를 보던 조봉암 국회부의장이 결정적 쟁점마다 논리적이고 전문적인 발언을 하여 전진한 의원 수정안을 지지하여 공조한 점이 돋보이며, 엄상섭 의원의 법률전문가다운 발언 그리고 기업인 출신이지만 노사대등을 지향하는 균형감각을 발휘한 김지태 의원 등의 활약이 두드러진 것으로 볼 수 있다.

노동법 제정의 전체 과정, 즉 노동법안의 우선상정동의안 제출, 원안에 대한 독자적 수정안의 발의, 근로3권의 실질적 자유보장을 위한 진지한 중요쟁점의 심의가 시종일관하여 전진한 의원의 주도적 역할과 대한노총 출신 의원의 적극 지지에 의하여 이루어진 점이 그 특징이라고 하겠다. 특히 조방쟁의의 강권탄압에 의한 좌절의 위기국면을 오히려 노동법 제정을 위한 입법 활동 국면으로 '대전환'한 전진한 의원의 대승적 실천운동이 노동법 제정의 결정적 계기가 되었으며 바로 이 점에서 노동법 제정의 고유한 특수성이 비롯된다고 생각한다. 더욱이 대한노총 출신 의원들이 중심이 되어 면밀히 준비한 법안을 정부안과 조정하여 사회보건위원회 안으로 채택한 원안에 대하여, 이를 비판한 전진한 의원이 '자주적이고 민주적인 노동조합과 단체행동의 실질적 자유보장'을 핵심으로 하는 관련 수정안을 제출함으로써 제정심의를 원안과 수정안의 대결국면으로 집중시킨 것도 또 다른 특징이라고 여겨진다. 대한노총 출신 의원뿐만 아니라 조봉암 국회부의장 등 탁월한 식견을 가진 의원들의 전진한 의원 수정안에 대한 적극적 지지가 노동법 제정의 상대적 독자성 확립에 견인차 역할을 한 것으로 평가할 수 있을 것이다.

제정 내용으로 확정되어 가결된 수정안의 사항이야말로 노동법의 주체적 독자성을 담보하는 치열한 제정심의 과정의 결정체라고 할 수 있다. 한편 좌절된 수정안의 사항도 진지한 토론의 쟁점이었던 것도 사실이지만 그것이 제정내용으로 채택되지 않은 것은 우리의 풍토적 고뇌의 산물로서 반면교사의 구실을 한 것으로 풀이할 수 있을 것이다. 전진한 의원은 노동조합의 자주성과 민주성의 확보와 단체행동의 자유보장 그리고 공정한 노동위원회 구성에 역점을 두어 관련 수정안을 제출하였지만 상당부분이 좌절되고, 노동조합의 단체행동자유의 목적 추가와 결격요건의 삭제(정치활동 허용)와 전국적 파업 인정 등 몇 개 사항만이 가결되었다. 이러한 현상은 '단체행동자유권 중심의 조합자치주의'를 지향한 전진한 의원의 수정안을 전폭적으로 수용할 수 없는 법 풍토의 한계에서 비롯된 것이지만, 이 한계 역시 '발췌개헌' 과정의 테러 분위기와 전쟁의 포연, 과거 전평의 악몽에 시달린 한민당 계열의 의원과 원내 자유당 의원의 노동적대 감정으로 인한 '풍토적 고뇌'의 산물이라고 보아야 할 것이다. 이러한 의미에서 노동법 제정 내용의 특징은 오히려 미결된 수정안의 '좌절 배경과 원인'을 반추하는 '통한의 고뇌'에서 찾을 수 있으리라고 본다.

'비상한 풍토'에서 개화된 노동법 제정의 특징은 '비범한 인물(전진한)'이 주도한 대승적 실천의 역할과 상호연관관계에 있음을 보여준다. 노동법 제정은 그 제정배경의 비상 국면 상황, 제정 과정의 긴급성과 치열함, 제정내용의 상대적 독자성을 그 특징으로 하고 있다. 이는 전진한 의원의 이승만 정권에 대한 노동대중을 위한 비상한 저항, 노동운동의 법적 근거를 확보하기 위한 노동법안 국회우선상정 긴급동의안 발의, 근로3권 특히 단체행동의 자유를 보장하려는 독자적 수정안 제출 등 그 활약의 직접적 투사체로 볼 수 있을 것이다. 휴전이 성립되기 전의 한국전쟁 중 이승만 독재체제 구축을 위한 헌법 유린의 '부산정치파동'의 비상사태에서 조방쟁의 등의 노동자 대투쟁을 거쳐 전진한 의원의 주도적 역할로 이루어진 노동법의 제정은 해방이후 전개된 노동운동의 법적 결실로서 헌법상 보장된 노동기본권의 구체적 실현을 위한 법적 근거의 초석이 되는 의의를 가진 것으로 평가할 수 있다고 본다.

그러한 의미에서 노동법의 제정은 단순히 외국의 법제를 모방하여 졸속하게 이루어진 것이 아니라 그것은 한국 노동현실의 '풍토적 성격'이 전진한 의원의 역할에 의해 '주체적'으로 결정(結晶)된 것으로 볼 수 있다. 첫째, 노동법 제정이 이승만의 정권 연장을 위한 비상한 고난의 처참한 현실에서도 이를 극복하려는 전진한 의원의 비상한 각오의 주체적 노력으로 그 결실을 맺었다는 점이 특별하다고 생각된다. 이승만 정권에 저항한 전진한 의원은 대한노총위원장에서조차 부당하게 축출되는 정치적 탄압을 받자 이에 굴복하지 않고 오히려 이를 계기로 근로대중의 절실한 요구인 노동법 제정을 그의 지지세력과 함께 탁월한 전문가의 식견을 발휘하여 적극적으로 전개한 것이다. 둘째, 그 제정 과정에서 의원주도의 독창적 법안이 제출되어 치열한 토론이 전개된 점을 간과해서는 안 되리라고 본다. 노동법안은 정부안과 대한노총 출신 의원이 면밀히 준비한 법안을 사회보건위원회에서 사전에 함께 심의하여 이를 단일의 사회보건위원회안으로 국회심의의 원안으로 상정하였다. 이 원안에 대한 전진한 의원 등의 다양한 수정안이 제출되어 수정안 중심의 법안심의가 이루어지는 방식을 취함으로써 의원주도의 주체적 입법 활동이 이루어진 점을 하나의 특징으로 평가할 수 있다. 셋째, 그 제정내용에 주체적 고뇌의 산물인 상대적 독자성이 담겨 있다는 사실을 과소평가해서는 안 될 것이다. 우선 노동법체계에 있어서 당시 일본 법과는 달리 노동위원회법이 독자적으로 입법되었고, 또 노동조합의 정치활동 허용과 전국적 파업 인정 그리고 근로기준법의 해고의 정당이유 요건 등을 그 독자적 내용의 예로 들 수 있다. 그러므로 노동법이 의원들의 사전준비 없이 외국의 입법을 모방하여 정부안 원안대로 일괄하여 통과되었다는 종전의 일부 견해는 전적으로 수정되어야 마땅하다고 생각한다. 이처럼 노동법 제정의 전체적 '특징'은 전진한 의원의 독창적 '역할'의 결정체로 파악해도 무방하리만치 서로 양자가 불가분의 상호의존관계에 있는 그 점이 바로 노동법 제정의 가장 큰 특징이라고 생각한다.

마지막으로 주목해야 할 것은 전진한의 법사상적 기초다. 그는 특히 이익균점권의 보장은 균등사회 건설을 지향하는 이념적 근거와 이를 실현하기 위한 경제적 기초를 가진 기본권으로서 남한의 사회적 통합은 물론 남북한 민족의 통일을 이루기 위한 '화회(和會)적 기본권'으로 인식하여 '헌법의 핵'으로서 그 절대적 의의를 부여하고 있다. 또한 전진한은 그의 사상적 핵심 키워드인 자유협동주의를 근간으로 이익균점권의 이념적 기초를 설정하였다. 뿐만 아니라 그는 더 나아가 자유협동주의를 헌법 해석의 관점으로 적용하여 "민족정신과 법률의 창의"에 입각한 독창적이고 주체적인 헌법정신을 도출함으로써 자유협동사회 건설을 위한 지표로 호헌(護憲) 운동을 다짐한다. 자유협동주의의 철학적 기초는 '대립의 통일'에서 비롯되고 있는데 그렇다면 그 '대립의 통일'은 또 어디에 근거를 두고 있는 것일까? 우리는 전진한이 옥고를 치른 뒤 한창의 장년시절인 33세에서 45세까지 12년 동안 일체의 타협을 거부하고 금강산 등지를 헤매며 처절한 자기고독 속에서 참선에 전력한 사실을 주목하지 않으면 안 된다. 사회운동과 정치생활을 하면서 전진한이 평소 늘 지인들에게 "참선이 본업이고 정치는 부업이다"라고 한 말과 임종 때에 보여준 대자유인의 경지를 미루어보면 전진한은 동체대비사상을 온몸으로 넓고 깊게 펼친 대승보살도의 실천자임이 틀림없으리라. 그럴진댄 전진한의 그 '대립의 통일'은 상대적 차별을 화쟁회통(和諍會通)한 원효(元曉)의 원융무애(圓融無碍) 사상과 일즉일체 다즉일(一卽一切 多卽一)의 만법귀일(萬法歸一)의 화엄일심(華嚴一心) 사상에 그 기원을 두고 있음을 추론할 수 있을 것이다. 또한 그가 현실을 거부하지 않고 끌어안으면서 긍정적으로 자신의 이념을 실천하되 그 현실에 안주하지 않고 초연한 대승적인 부정의 역동적 자세를 취한 것은 '금강경'의 이른바 무주상 보시(無住相布施) 사상을 구현한 것이라고 볼 수 있다. 따라서 그의 사상에 따르면 노동과 자본은 대립의 갈등관계가 아니라 그 '대립의 통일'로서 노자일치의 협동관계로 파악하게 되므로, 노자대립의 인식 차원에서 구축된 Hugo Sinzheimer의 '노동 종속성' 개념 징표는 노자일치의 인식 차원에서 지양통일되어 전진한의 '노동 상의성(相依性)' 원리로 환골탈태하게 된다. 이러한 '노동 상의성'을 바탕으로 한 노동법이론의 새로운 구상과 노동운동의 진지한 방향 모색은 지금과는 전혀 다른 차원의 인생관과 세계관의 근본적 전환이 요구된다. 이같은 근본적 전환은 목전의 편파적 이익에 안주하려는 우리들에게 현실적 설득력은 극히 약할지 모르지만, 그럼에도 불구하고 그러한 길로 나아가는 것만이 우리 모두가 상의상생할 수 있는 정도(正道)라고 확신한다.

참고문헌

고대노동문제연구소, 『한국노동운동사4: 정부수립기의 노동운동, 1948-1961』, 지식마당, 2004.

국회도서관, 『헌법제정회의록: 헌정사자료 제1집』, 1967.

국회사무처, 『역대국회의원총람: 제헌국회-제9대 국회』, 1977.

국회사무처, 『대한민국 법률안연혁집』, 1992.

국회사무처 의안과, 의안문서 제8권.

국회사무처, 국회속기록 제14회 제29호.

국회사무처, 국회속기록 제15회 제1호.

국회사무처, 국회속기록 제15회 제3호.

국회사무처, 국회속기록 제15회 제7호.

국회사무처, 국회속기록 제15회 제9호.

국회사무처, 국회속기록 제15회 제10호.

국회사무처, 국회속기록 제15회 제11호.

국회사무처, 국회속기록 제15회 제12호.

국회사무처, 국회속기록 제15회 제13호.

국회사무처, 국회속기록 제15회 제15호.

국회사무처, 국회속기록 제15회 제16호.

국회사무처, 국회속기록 제15회 제18호.

국회사무처, 국회속기록 제15회 제19호.

국회사무처, 국회속기록 제15회 제20호.

국회사무처, 국회속기록 제15회 제21호.

국회사무처, 국회속기록 제15회 제23호.

국회사무처, 국회속기록 제15회 제48호.

국회사무처, 국회속기록 제15회 제49호.

국회사무처, 국회속기록 제15회 제50호.

국회사무처, 국회속기록 제15회 제51호.

국회사무처, 국회속기록 제15회 제52호.
국회사무처, 국회속기록 제15회 제54호.
김낙중, 『한국노동운동사: 해방후편』, 청사, 1982.
김사욱, 『한국노동운동사』(상), 산경문화사, 1979.
김영상, 「헌법을 싸고 도는 국회풍경」, 『신천지』, 1948. 7.
김영태, 「도큐멘터리 노동운동 20년 소사: 1950년 4월부터 1953년 4월까지」, 『노동공론』, 노동문제연구소, 1972. 4.
김형배, 「제2부 노동법제」, 『노동경제 40년사』, 한국경영자총협회, 1989. 2.
노규현 외, 『세속에 핀 연꽃』, 대한불교진흥원, 2003.
상공회의소, 『상공회의소 90년사』(상), 1976.
송원도, 「대한노총 결성전후: 노동운동의 회고담(6)」, 『노동공론』, 노동문제연구소, 1972. 5.
안종우, 「조방쟁의(상)(하)」, 『노동공론』, 노동문제연구소, 1972.
오정근, 「노동법의 제도와 운영상의 문제점」, 『법정』, 법정사, 1959. 8.
유기태, 「노동법 제정의 장래를 앞두고」, 『법정』, 제27호, 법정사, 1949. 1.
유진오, 「헌법제정의 정신(1)」, 『법정』, 제3권 제8호(통권 제22호), 1948. 8.
유진오, 『헌법기초회고록』, 일조각, 1980.
이흥재 편, 『단체행동권』, 사람생각, 2004.
이흥재, 「이익균점권의 보장과 우촌 전진한의 사상 및 역할: 우촌의 사회법사상 궤적의 탐색을 위한 '초심곡(初心曲)'」, 『서울대학교 법학』, 제46권 제1호, 서울대학교 법학연구소, 2005. 3.
이흥재, 「노동조합법제정사의 법사회학적 조명: 그 제정배경과 전진한의 역할 및 법인식의 탐조」, 『서울대학교 법학』, 제46권 제2호, 서울대학교 법학연구소, 2005. 6.
이흥재, 「노동위원회법 제정심의의 쟁점」, 『서울대학교 법학』, 제47권 제1호, 서울대학교 법학연구소, 2006. 3.
이흥재, 「노동쟁의조정법 제정심의의 주요쟁점」, 『서울대학교 법학』, 제49권 제1호, 서울대학교 법학연구소, 2008. 3.
이흥재, 「근로기준법 제정심의의 주요쟁점」, 『서울대학교 법학』, 제50권 제3호, 서울대학교 법학연구소, 2009. 9.
이흥재, 「노동기본권에 관한 제헌의회 심의의 쟁점: 기업운영참가권 보장논의를 중심으로」, 『노동법연구』, 제27호, 서울대학교 노동법연구회, 2009 하반기.
이흥재, 「노동법제정의 특징과 전진한의 역할」, 『서울대학교 법학』, 제50권 제4호, 서울대학교 법학연구소, 2009. 12.

전진한, 「노농당은 나의 이상」, 『내가 걸어온 길 내가 걸어갈 길』, 월간 신태양 별책, 1957.

전진한, 『건국이념』, 경천애인사, 1948.

전진한, 『이렇게 싸웠다』, 무역연구원, 1996.

조종현 편, 『의정 30년 자료: 제헌국회－제10대 국회』, 국회도서관, 1983.

중앙선거관리위원회, 『대한민국선거사』, 1981.

한국노동조합총연맹, 『한국노총50년사』, 한국노총정보센터, 2003.

한국노동법학회 편집부, 「한국노동법학회 창립 40주년 기념 원로간담회」, 『노동법학』, 제8호, 한국노동법학회, 1998.

홍영표, 「노동법의 기본원리(7.完)」, 『법정』, 제12권 제4호, 법정사, 1957. 4.

찾아보기

The Characteristics of Labor Law Establishment and the Role of Jin-Han Jeon

Lee, Heung-Jae

This book primarily attempts to clarify the key role of Jin-Han Jeon, a member of the Second National Assembly (SNA), in the establishment of four labor relations laws (the Labor Union Act, the Labor Dispute Adjustment Act, the Labor Relations Commission Act, and the Labour Standard Act: "labor law," from now on) during a national emergency, the Korean War, at the refuge capital Busan in 1953. In addition, it is argued that labor law was enacted with its own unique characteristics on the basis of systematic debate in SNA, despite the turmoil of the Korean War, contrary to the existing opinion that it was a product of a hasty and near exact copy of foreign law, as drafted by the government. Accordingly, the subject and range of this study, respectively, are examining the interrelationship between the role played by Jin-Han Jeon and the characteristics of labor law establishment with respect to the legislative (1) background and purpose, (2) process, and (3) substance, by mainly analyzing the stenographic record of SNA.

Firstly, it should be noted that the background of labor law establishment was that of the so-called "Political Upheaval of Busan (namely, the Selected Amendment to the Constitution)" and the collective actions of the Cho-Bang (cotton spinning factory) during the Korean War. The cruel crackdown on labor disputes and on Jin-Han Jeon were made under the collective actions of the Cho-Bang under President Seung-Man Lee's regime. Under the politically harsh circumstances, Jin-Han Jeon made a significant contribution to establish the foundation of labor law in Korea. Specifically, he played a key role in laying a bill of labor law before the SNA in 1953 in advance of any other agenda as well as in bringing about the distinctive revised bill to ensure the freedom of collective action. Jin-Han Jeon, anchored in his own experiences, thus made it clear that the purpose of labor law was to establish a legal basis of the labor movement, whereby ensuring the fundamental labor rights guaranteed by the Constitution.

Secondly, it is considered a unique characteristic of the process of labor law establishment that the law-makers from Korea Labor Union Confederation played leading roles in legislation. Following the Original Bill (OB) drafted by the Social Health Committee of the SNA, the various Revised Bill (RB)s were raised mainly by Jin-Han Jeon as well as some other members of SNA. The consideration and debate on the bills focused for the most part on RBs due to the intense contemplation of the members of SNA in order to enact better legislation than OB.

Finally, the unique characteristics of the substance of labor law should not be overlooked. For instance, the Labor Relations Commission Act was a distinctive legislation, unlike the Japanese labor law at that time. The right of the labor union to engage in political activity, the right to participate in a national strike, and the requirement of just causes for dismissal under the Labor Standard Act were unique features as well. The labor law establishment was a fruit of continuous labor movement since the Liberation of 1945 in order to realize fundamental labor rights, despite the political suppression on the labor movement under Seung-Man Lee's regime. The existing opinion that labor law was passed as drafted by the government and as a near copy of foreign law should thus be rectified.

It might hence be concluded that the inseparable interrelation between the labor law establishment in 1953 and the "unique role" played by Jin-Han Jeon in the SNA for the legislation was the most important "characteristic" of establishing labor law.

저자 약력

서울대학교 법과대학과 동 대학원(법학박사)
현 서울대학교 법학전문대학원/법과대학 교수

저서
『사회보장판례연구』(편저), 법문사, 2010
『단체행동권』(편저), 서울대 BK21 법학연구단 공익인권법센터, 2004
『노동법강의－기업구조조정과 노동법의 중요과제』(공편저), 법문사, 2002
『사회보장법』(공저), 한국방송통신대학교출판부, 1991
『노동법 II』(공저), 한국방송통신대학교출판부, 1990
『노동법 I』(공저), 한국방송통신대학교출판부, 1989
『굴레에서 해방을』(역서), 심설당, 1982